Arbeitstexte für den Unterricht

Glück

FÜR DIE SEKUNDARSTUFE I
HERAUSGEGEBEN VON
DIETER BIRNBACHER

PHILIPP RECLAM JUN. STUTTGART

Universal-Bibliothek Nr. 9575 [2]

Gesamtherstellung: Reclam, Ditzingen. Printed in Germany 1983
ISBN 3-15-009575-1

Inhalt

Vorwort

Es gibt kaum etwas Selbstverständlicheres, als daß jeder, soweit er es vermag, nach seinem Glück strebt und den Sinn seines Lebens darin sieht, glücklich zu sein. Aber was Glück eigentlich ist, worin es besteht, was wir tun können, um es zu erreichen, ja, ob wir überhaupt etwas tun können, um es zu erreichen, ist alles andere als selbstverständlich. Sieht man näher hin, erweisen sich diese Fragen als so schwierig und vielschichtig, daß es nicht verwundert, wenn sich Philosophen, Dichter und Religionsstifter aller Zeiten immer wieder von neuem darangemacht haben, Antworten auf sie zu finden.

Die Texte dieses Bandes – die das eigene Nachdenken über Glück und Unglück nicht ersetzen, sondern anregen und bereichern sollen – bewegen sich auf unterschiedlichen Schwierigkeitsstufen. Der Lehrer sollte deshalb seine Auswahl jeweils nach den Möglichkeiten der Klasse treffen. Obwohl die Materialien systematisch aufeinander aufbauen, lassen sie sich ohne weiteres auch in Auszügen verwenden.

Der Band ist so gegliedert, daß, während Teil I zunächst dem Problemkreis des Glücks*begriffs* und seiner Ausgestaltungen gewidmet ist, in den Teilen II, III und IV die Frage nach den *Bedingungen* und *Inhalten* des Glücks aufgeworfen wird. Teil II stellt exemplarisch Lebenshaltungen und Lebensdimensionen mit ihren jeweiligen Glücksmöglichkeiten vor: Genuß und Lebensfreude, Selbstversenkung, Liebe, Arbeit. Teil III bietet Material zur Diskussion des – eventuell auch separat zu behandelnden – Themenkomplexes »Macht Wohlstand glücklich?« Die Texte von Teil IV schließlich regen zur Diagnose von Fehlhaltungen und Fehlentwicklungen an, durch welche die dargestellten Glücksmöglichkeiten in ihr Gegenteil verkehrt werden – entweder dadurch, daß sich das Glücksverlangen der falschen Mittel bedient oder daß das rechte Maß verfehlt und Grenzen der Zuträglichkeit überschritten werden.

I. Was ist Glück?

1. Was ist Glück? Eine Umfrage unter Schülern

Dies ist eine Auswahl von Antworten, die Schüler der fünften bis zehnten Klasse einer Hauptschule auf die Frage nach dem Glück gegeben haben. Eine Lehrerin hatte gefragt: »Was bedeutet Glück für euch?«

Geld braucht man auch, aber ich finde, Glück und Liebe und Zuneigung sind wichtiger für einen Menschen als alles andere. (Mädchen, 13 Jahre)

Glück ist für mich, wenn man jemanden hat, der einen liebt. Man muß nicht nur Liebe empfangen, sondern auch Liebe weitergeben können. (Mädchen, 13 Jahre)

Glück ist für mich, nie alleine zu sein. (Mädchen, 14 Jahre)

Wenn einer krank war und jetzt wieder gesund ist. (Mädchen, 12 Jahre)

Glück ist, mit Menschen Kontakt zu haben und mit ihnen zu reden. (Mädchen, 12 Jahre)

Ich bin ein Blumenfreund, und ich bin glücklich, wenn meine Blumen wachsen und gedeihen. (Mädchen, 12 Jahre)

Wenn ich morgens die Sonne aufgehen sehe, freue ich mich und bin zugleich glücklich. (Junge, 15 Jahre)

Glück, vollendetes Glück, ist für mich, ein ruhiges, friedliches und harmonisches Leben zu führen. Zurückgezogen von der heutigen Wegwerfgesellschaft in noch unverschmutzter und sauberer Umwelt zu leben. Dem Leistungsdruck der heutigen Gesellschaft zu entgehen. Menschen um mich zu haben, die mich verstehen, mit denen man diskutieren kann. Einen Beruf auszuüben, der mir Spaß macht, wo ich draußen bin, ein Stück von der Natur bin. Und das, was ich zum Leben brauche, selbst herstellen kann. (Mädchen, 15 Jahre)

Ich verstehe unter Glück, daß ich sehen, gehen und hören kann; daß ich ein Mädchen bin; daß ich einen besonderen Menschen kennengelernt habe. (Mädchen, 12 Jahre)

Mit Glück meine ich, wenn ich eine Weltreise gewinnen würde, und ich kann draußen rumtoben und brauche nicht im Rollstuhl zu sitzen. Ich wäre glücklich, dürfte ich sechs junge Katzen aufziehen und drei Zebrafinken beim Ausschlüpfen zusehen und einen Vogelschwarm beobachten.
(Junge, 12 Jahre)

Was Glück für mich ist? Tiere, denn Tiere sind die besten Freunde, ihnen kann man alles erzählen, ohne daß sie lachen oder schimpfen. Sie hören sich alles an. (Mädchen, 13 Jahre)

Mein Vater und meine Mutter waren fast elf Jahre verheiratet und plötzlich hatten sie Krach gekriegt. Seit zwei Jahren sind meine Eltern schon geschieden. Ich war sehr traurig. Nach einem Jahr rief mein Vater dann an, und ich war sehr glücklich. Als ich ihn dann wiedersah, hatte ich ein schönes Gefühl. Ich würde so richtig glücklich sein, wenn meine Eltern wieder zusammengehen würden. (Junge, 13 Jahre)

1. Welchen von diesen Antworten kannst du zustimmen, welchen nicht? Versuche deine Antwort zu begründen.
2. Wie sich jemand das Glück vorstellt, sagt etwas über die Wünsche und Bedürfnisse aus, die er hat. Was sagen die einzelnen Antworten über die Wünsche und Bedürfnisse der befragten Schüler aus?
3. Es wird oft gesagt: »Wir wollen immer das, was wir nicht haben.« Ist dieser Satz richtig? Woran liegt es, daß die Schüler auf die gestellte Frage so unterschiedliche Antworten geben: daran, daß dem einen fehlt, was der andere hat, oder daran, daß »Glück« für den einen etwas anderes bedeutet als für den anderen?

2. *Karl Krolow: Ziemlich viel Glück*

Das folgende Gedicht von Karl Krolow (geb. 1915) stammt aus dem Jahr 1955.

Ziemlich viel Glück

Ziemlich viel Glück
Gehört dazu,
Daß ein Körper auf der Luft
Zu schweben beginne
Mit Brust, Achsel und Knie,
Und auf dieser Luft
Einem anderen Körper begegne,
Wie er
Unterwegs.

Die Atmosphäre macht
Zwei innige Torsen aus ihnen.
Unbemerkt beschreibt ihr Entzücken
Zärtliche Linien in Baumkronen.
Eine ganze Zeit noch
Ist ihr Flüstern zu vernehmen,
Und wie sie einander
Das schenken,
Was leicht an ihnen ist.

Glücklichsein beginnt immer
Ein wenig über der Erde.

Aber niemand hat es beobachten können.

1. »Er hat im Leben viel Glück gehabt und ist doch niemals glücklich gewesen.« Kennst du Leute, auf die diese Grabinschrift zutreffen würde?
2. Übersetze die Grabinschrift ins Englische. Was fällt dir auf? Wie würdest du die Überschrift des Gedichts von Krolow übersetzen?

3. Sieh dir die folgenden Redewendungen genau an: Glück im Unglück – Dem Glücklichen schlägt keine Stunde – Glückliche Reise! – wunschlos glücklich – Happy Christmas! – Glückauf! – auf gut Glück – Jeder ist seines Glückes Schmied – Glückspilz – »Die Tür des Glücks geht nicht nach innen auf, daß man auf sie zueilen und aufstoßen könnte, sondern nach außen« (Sören Kierkegaard). In welchen von diesen Redewendungen heißt »Glück« soviel wie »glücklich sein«, in welchen soviel wie »Glück haben«?

3. Antoine de Saint-Exupéry: Das Glück

Die Bücher des französischen Schriftstellers Antoine de Saint-Exupéry sind größtenteils aus seinen Erfahrungen als Berufs- und Kriegsflieger entstanden. Im Alter von 44 Jahren ist er 1944 von einem Aufklärungsflug nicht wieder zurückgekehrt. Der folgende Text stammt aus dem Werk »Die Stadt in der Wüste«, das man in seinem Nachlaß gefunden hat.

Der eine Mensch ist im Frieden glücklich, der andere im Krieg, der eine wünscht sich die Einsamkeit, die ihn beflügelt, der andere bedarf eines festlichen Gewimmels, um sich zu begeistern; der eine sucht seine Freude in der Wissenschaft, die auf die gestellten Fragen eine Antwort gibt; der andere findet seine Freude in Gott, vor dem keine Frage mehr einen Sinn hat.
Wenn ich das Glück umschreiben wollte, würde ich vielleicht sagen, es bestehe für den Schmied im Schmieden, für den Seemann in der Seefahrt, für den Reichen in der Mehrung seines Reichtums – und so hätte ich nichts gesagt, was dir etwas Neues mitteilte. Und im übrigen bestünde das Glück für den Reichen zuweilen in der Seefahrt, für den Schmied in der Mehrung des Reichtums und für den Seemann im Nichtstun. So entschlüpft dir dieses Hirngespinst ohne Inhalt, das du vergebens zu greifen suchst.

Wenn du das Wort Glück begreifen willst, mußt du es als Lohn und nicht als Ziel verstehen, denn sonst hat es keine Bedeutung.
Ebenso weiß ich, daß etwas schön ist; aber ich lehne die Schönheit als Ziel ab. Hast du schon einen Bildhauer sagen hören: »Aus diesem Stein werde ich die Schönheit herausholen?« Die so reden, betrügen sich mit einer hohlen Begeisterung und bringen nur Schund zuwege. Den anderen, den echten Bildhauer wirst du sagen hören: »Ich suche dem Stein etwas abzugewinnen, was dem Gewicht gleicht, das in mir lastet. Nur wenn ich den Stein behaue, vermag ich mich von ihm zu befreien.« Und das Gesicht, das so entsteht, mag alt und plump sein, es mag eine häßliche Maske zeigen oder den Schlaf der Jugend darstellen: wenn es ein großer Bildhauer erschuf, wirst du gleichwohl sagen, daß das Werk schön ist. Denn die Schönheit ist ebenfalls nicht ein Ziel, sondern eine Belohnung.
Und wenn ich dir vorhin sagte, das Glück bestehe für den Reichen in der Mehrung seines Reichtums, so habe ich dich belogen. Denn wenn es sich um das Freudenfeuer handelt, mit dem irgendeine Eroberung gefeiert wird, so werden seine Anstrengungen und seine Mühe dadurch belohnt. Und wenn ihm das Leben, das sich vor ihm ausbreitet, einen Augenblick lang wie ein Rausch erscheint, so geschieht das mit dem gleichen Recht, wie wenn dich die Landschaft, die du von der Höhe des Berges erspähst, mit Freude erfüllt, da sie sich aus deinen Anstrengungen aufbaut.
Und wenn ich dir sage, für den Räuber bestehe das Glück darin, unter den Sternen auf der Lauer zu liegen, so heißt das, daß ein Teil seines Wesens zu retten ist und seinen Lohn erhält. Denn er hat die Kälte, die Ungewißheit, die Einsamkeit auf sich genommen. Das Gold, das er begehrt – ich sagte es dir schon –, begehrt er, wie wenn er sich davon die plötzliche Verwandlung in einen Engel erwartete, denn er, der Schwerfällige und Verwundbare, bildet sich ein, daß einer, der das Gold an sein Herz drückt und damit in die

dichtgedrängte Stadt wandert, von unsichtbaren Flügeln getragen werde.
Im Schweigen meiner Liebe habe ich mich lange damit abgegeben, in meinem Volke die Menschen zu beobachten, die glücklich zu sein schienen. Und ich habe stets wahrgenommen, daß ihnen das Glück, gleich wie der Statue die Schönheit, zuteil wurde, weil sie es nicht gesucht hatten.

1. Was heißt das: daß Glück als Lohn, nicht als Ziel verstanden werden muß? Versuche es in deinen eigenen Worten zu sagen.
2. Daß wir für »glücklich sein« und »Glück haben« dasselbe Wort »Glück« verwenden, ist nicht ganz zufällig. Wenn Saint-Exupéry recht hat, was haben dann »glücklich sein« und »Glück haben« miteinander gemeinsam?
3. Ein deutsches Sprichwort sagt: »Glück und Regenbogen sieht man nicht über dem eigenen Haus, sondern nur über dem fremden.« Welche Behauptung wird damit aufgestellt? Würde Saint-Exupéry ihr zustimmen?

4. Wolfgang Borchert: Die Küchenuhr

Wolfgang Borchert ist vor allem mit seinem Drama »Draußen vor der Tür« bekannt geworden, welches das Schicksal eines Kriegsheimkehrers schildert. Er starb 1947, 26jährig, an einer Lungenkrankheit.

Sie sahen ihn schon von weitem auf sich zukommen, denn er fiel auf. Er hatte ein ganz altes Gesicht, aber wie er ging, daran sah man, daß er erst zwanzig war. Er setzte sich mit seinem alten Gesicht zu ihnen auf die Bank. Und dann zeigte er ihnen, was er in der Hand trug.
Das war unsere Küchenuhr, sagte er und sah sie alle der Reihe nach an, die auf der Bank in der Sonne saßen. Ja, ich habe sie noch gefunden. Sie ist übriggeblieben.

Er hielt eine runde tellerweiße Küchenuhr vor sich hin und tupfte mit dem Finger die blaugemalten Zahlen ab.
Sie hat weiter keinen Wert, meinte er entschuldigend, das weiß ich auch. Und sie ist auch nicht so besonders schön. Sie ist nur wie ein Teller, so mit weißem Lack. Aber die blauen Zahlen sehen doch ganz hübsch aus, finde ich. Die Zeiger sind natürlich nur aus Blech. Und nun gehen sie auch nicht mehr. Nein. Innerlich ist sie kaputt, das steht fest. Aber sie sieht noch aus wie immer. Auch wenn sie jetzt nicht mehr geht.
Er machte mit der Fingerspitze einen vorsichtigen Kreis auf dem Rand der Telleruhr entlang. Und er sagte leise: Und sie ist übriggeblieben.
Die auf der Bank in der Sonne saßen, sahen ihn nicht an. Einer sah auf seine Schuhe und die Frau sah in ihren Kinderwagen. Dann sagte jemand:
Sie haben wohl alles verloren?
Ja, ja, sagte er freudig, denken Sie, aber auch alles! Nur sie hier, sie ist übrig. Und er hob die Uhr wieder hoch, als ob die anderen sie noch nicht kannten.
Aber sie geht doch nicht mehr, sagte die Frau.
Nein, nein, das nicht. Kaputt ist sie, das weiß ich wohl. Aber sonst ist sie doch noch ganz wie immer: weiß und blau. Und wieder zeigte er ihnen seine Uhr. Und was das Schönste ist, fuhr er aufgeregt fort, das habe ich Ihnen ja noch überhaupt nicht erzählt. Das Schönste kommt nämlich noch: Denken Sie mal, sie ist um halb drei stehengeblieben. Ausgerechnet um halb drei, denken Sie mal.
Dann wurde Ihr Haus sicher um halb drei getroffen, sagte der Mann und schob wichtig die Unterlippe vor. Das habe ich schon oft gehört. Wenn die Bombe runtergeht, bleiben die Uhren stehen. Das kommt von dem Druck.
Er sah seine Uhr an und schüttelte überlegen den Kopf. Nein, lieber Herr, nein, da irren Sie sich. Das hat mit den Bomben nichts zu tun. Sie müssen nicht immer von den Bomben reden. Nein. Um halb drei war ganz etwas anderes, das wissen Sie nur nicht. Das ist nämlich der Witz, daß sie

gerade um halb drei stehengeblieben ist. Und nicht um viertel nach vier oder um sieben. Um halb drei kam ich nämlich immer nach Hause. Nachts, meine ich. Fast immer um halb drei. Das ist ja gerade der Witz.
Er sah die anderen an, aber die hatten ihre Augen von ihm weggenommen. Er fand sie nicht. Da nickte er seiner Uhr zu: Dann hatte ich natürlich Hunger, nicht wahr? Und ich ging immer gleich in die Küche. Da war es dann fast immer halb drei. Und dann, dann kam nämlich meine Mutter. Ich konnte noch so leise die Tür aufmachen, sie hat mich immer gehört. Und wenn ich in der dunklen Küche etwas zu essen suchte, ging plötzlich das Licht an. Dann stand sie da in ihrer Wolljacke und mit einem roten Schal um. Und barfuß. Immer barfuß. Und dabei war unsere Küche gekachelt. Und sie machte ihre Augen ganz klein, weil ihr das Licht so hell war. Denn sie hatte ja schon geschlafen. Es war ja Nacht.
So spät wieder, sagte sie dann. Mehr sagte sie nie. Nur: So spät wieder. Und dann machte sie mir das Abendbrot warm und sah zu, wie ich aß. Dabei scheuerte sie immer die Füße aneinander, weil die Kacheln so kalt waren. Schuhe zog sie nachts nie an. Und sie saß so lange bei mir, bis ich satt war. Und dann hörte ich sie noch die Teller wegsetzen, wenn ich in meinem Zimmer schon das Licht ausgemacht hatte. Jede Nacht war es so. Und meistens immer um halb drei. Das war ganz selbstverständlich, fand ich, daß sie mir nachts um halb drei in der Küche das Essen machte. Ich fand das ganz selbstverständlich. Sie tat das ja immer. Und sie hat nie mehr gesagt als: So spät wieder. Aber das sagte sie jedesmal. Und ich dachte, das könnte nie aufhören. Es war mir so selbstverständlich. Das alles war doch immer so gewesen.
Einen Atemzug lang war es ganz still auf der Bank. Dann sagte er leise: Und jetzt? Er sah die anderen an. Aber er fand sie nicht. Da sagte er der Uhr leise ins weißblaue runde Gesicht: Jetzt, jetzt weiß ich, daß es das Paradies war. Das richtige Paradies.
Auf der Bank war es ganz still. Dann fragte die Frau: Und Ihre Familie?

Er lächelte sie verlegen an: Ach, Sie meinen meine Eltern? Ja, die sind auch mit weg. Alles ist weg. Alles, stellen Sie sich vor. Alles weg.
Er lächelte verlegen von einem zum anderen. Aber sie sahen ihn nicht an.
Da hob er wieder die Uhr hoch und er lachte. Er lachte: Nur sie hier. Sie ist übrig. Und das Schönste ist ja, daß sie ausgerechnet um halb drei stehengeblieben ist. Ausgerechnet um halb drei.
Dann sagte er nichts mehr. Aber er hatte ein ganz altes Gesicht. Und der Mann, der neben ihm saß, sah auf seine Schuhe. Aber er sah seine Schuhe nicht. Er dachte immerzu an das Wort Paradies.

1. Wenn der junge Mann in der Geschichte sagt: »Jetzt weiß ich, daß es das Paradies war«, unterliegt er da einer – schicksalsbedingten – Selbsttäuschung? Oder hat er recht?
2. Eine auf den amerikanischen Psychologen Abraham Maslow zurückgehende Theorie besagt, daß die menschlichen Bedürfnisse stufenweise geordnet sind: auf der untersten Stufe befinden sich die physiologischen Bedürfnisse (Essen und Trinken), auf den nächsthöheren das Bedürfnis nach Sicherheit, das Bedürfnis nach Zugehörigkeit und Liebe, das Bedürfnis nach Anerkennung, schließlich das Bedürfnis nach Selbstverwirklichung. Die Theorie besagt, daß für die jeweils höheren Bedürfnisse erst dann Befriedigung gesucht wird, wenn die anderen halbwegs befriedigt sind. Für jeden Menschen ist dann genau das Bedürfnis am wichtigsten, das eine Stufe über derjenigen liegt, an der seine Bedürfnisbefriedigung angelangt ist, das heißt, er beurteilt diejenigen Glücksmöglichkeiten als für sich am wichtigsten, die er noch nicht oder nicht mehr erfahren kann. Siehst du einen Zusammenhang zwischen Maslows Theorie der Bedürfnisstufen und Borcherts Geschichte von der Küchenuhr?

II. Wie man Glück erfahren kann

1. *Bertolt Brecht: Die unwürdige Greisin*

Bertolt Brecht (1898–1956) hat mit seinen Schauspielen, Gedichten, Erzählungen und theoretischen Schriften die Literatur unseres Jahrhunderts wesentlich geprägt. Nicht nur in seinen »Lehrstücken«, in allen seinen Schriften will Brecht belehren, dem Leser zeigen, wie es ist und was man tun muß, um die Gesellschaft zu verändern.

Meine Großmutter war zweiundsiebzig Jahre alt, als mein Großvater starb. Er hatte eine kleine Lithographenanstalt[1] in einem badischen Städtchen und arbeitete darin mit zwei, drei Gehilfen bis zu seinem Tod. Meine Großmutter besorgte ohne Magd den Haushalt, betreute das alte, wacklige Haus und kochte für die Mannsleute und Kinder.
Sie war eine kleine magere Frau mit lebhaften Eidechsenaugen, aber langsamer Sprechweise. Mit recht kärglichen Mitteln hatte sie fünf Kinder großgezogen – von den sieben, die sie geboren hatte. Davon war sie mit den Jahren kleiner geworden.
Von den Kindern gingen die zwei Mädchen nach Amerika, und zwei Söhne zogen ebenfalls weg. Nur der Jüngste, der eine schwache Gesundheit hatte, blieb im Städtchen. Er wurde Buchdrucker und legte sich eine viel zu große Familie zu.
So war sie allein im Haus, als mein Großvater gestorben war.
Die Kinder schrieben sich Briefe über das Problem, was mit ihr zu geschehen hätte. Einer konnte ihr bei sich ein Heim anbieten, und der Buchdrucker wollte mit den Seinen zu ihr ins Haus ziehen. Aber die Greisin verhielt sich abweisend zu den Vorschlägen und wollte nur von jedem ihrer Kinder, das

1. graphischer Betrieb, in dem Zeichnungen, Landkarten usw. für den Druck vorbereitet werden.

dazu imstande war, eine kleine geldliche Unterstützung annehmen. Die Lithographenanstalt, längst veraltet, brachte fast nichts beim Verkauf, und es waren auch Schulden da.
Die Kinder schrieben ihr, sie könne doch nicht ganz allein leben, aber als sie darauf überhaupt nicht einging, gaben sie nach und schickten ihr monatlich ein bißchen Geld. Schließlich, dachten sie, war ja der Buchdrucker im Städtchen geblieben.
Der Buchdrucker übernahm es auch, seinen Geschwistern mitunter über die Mutter zu berichten. Seine Briefe an meinen Vater, und was dieser bei einem Besuch und nach dem Begräbnis meiner Großmutter zwei Jahre später erfuhr, geben mir ein Bild von dem, was in diesen zwei Jahren geschah.
Es scheint, daß der Buchdrucker von Anfang an enttäuscht war, daß meine Großmutter sich weigerte, ihn in das ziemlich große und nun leerstehende Haus aufzunehmen. Er wohnte mit vier Kindern in drei Zimmern. Aber die Greisin hielt überhaupt nur eine sehr lose Verbindung mit ihm aufrecht. Sie lud die Kinder jeden Sonntagnachmittag zum Kaffee, das war eigentlich alles.
Sie besuchte ihren Sohn ein- oder zweimal in einem Vierteljahr und half der Schwiegertochter beim Beereneinkochen. Die junge Frau entnahm einigen ihrer Äußerungen, daß es ihr in der kleinen Wohnung des Buchdruckers zu eng war. Dieser konnte sich nicht enthalten, in seinem Bericht darüber ein Ausrufezeichen anzubringen.
Auf eine schriftliche Anfrage meines Vaters, was die alte Frau denn jetzt so mache, antwortete er ziemlich kurz, sie besuche das Kino.
Man muß verstehen, daß das nichts Gewöhnliches war, jedenfalls nicht in den Augen ihrer Kinder. Das Kino war vor dreißig Jahren noch nicht, was es heute ist. Es handelte sich um elende, schlecht gelüftete Lokale, oft in alten Kegelbahnen eingerichtet, mit schreienden Plakaten vor dem Eingang, auf denen Morde und Tragödien der Leidenschaft angezeigt waren. Eigentlich gingen nur Halbwüchsige hin

oder, des Dunkels wegen, Liebespaare. Eine einzelne alte Frau mußte dort sicher auffallen.
Und so war noch eine andere Seite dieses Kinobesuchs zu bedenken. Der Eintritt war gewiß billig, da aber das Vergnügen ungefähr unter den Schleckereien rangierte, bedeutete es »hinausgeworfenes Geld«. Und Geld hinauszuwerfen, war nicht respektabel.
Dazu kam, daß meine Großmutter nicht nur mit ihrem Sohn am Ort keinen regelmäßigen Verkehr pflegte, sondern auch sonst niemanden von ihren Bekannten besuchte oder einlud. Sie ging niemals zu den Kaffeegesellschaften des Städtchens. Dafür besuchte sie häufig die Werkstatt eines Flickschusters in einem armen und sogar etwas verrufenen Gäßchen, in der, besonders nachmittags, allerlei nicht besonders respektable Existenzen herumsaßen, stellungslose Kellnerinnen und Handwerksburschen. Der Flickschuster war ein Mann in mittleren Jahren, der in der ganzen Welt herumgekommen war, ohne es zu etwas gebracht zu haben. Es hieß auch, daß er trank. Er war jedenfalls kein Verkehr für meine Großmutter.
Der Buchdrucker deutete in einem Brief an, daß er seine Mutter darauf hingewiesen, aber einen recht kühlen Bescheid bekommen habe. »Er hat etwas gesehen«, war ihre Antwort, und das Gespräch war damit zu Ende. Es war nicht leicht, mit meiner Großmutter über Dinge zu reden, die sie nicht bereden wollte.
Etwa ein halbes Jahr nach dem Tod des Großvaters schrieb der Buchdrucker meinem Vater, daß die Mutter jetzt jeden zweiten Tag im Gasthof esse.
Was für eine Nachricht!
Großmutter, die zeit ihres Lebens für ein Dutzend Menschen gekocht und immer nur die Reste aufgegessen hatte, aß jetzt im Gasthof! Was war in sie gefahren?
Bald darauf führte meinen Vater eine Geschäftsreise in die Nähe, und er besuchte seine Mutter.
Er traf sie im Begriffe, auszugehen. Sie nahm den Hut wieder ab und setzte ihm ein Glas Rotwein mit Zwieback

vor. Sie schien ganz ausgeglichener Stimmung zu sein, weder besonders aufgekratzt noch besonders schweigsam. Sie erkundigte sich nach uns, allerdings nicht sehr eingehend, und wollte hauptsächlich wissen, ob es für die Kinder auch Kirschen gäbe. Da war sie ganz wie immer. Die Stube war natürlich peinlich sauber, und sie sah gesund aus.
Das einzige, was auf ihr neues Leben hindeutete, war, daß sie nicht mit meinem Vater auf den Gottesacker gehen wollte, das Grab ihres Mannes zu besuchen. »Du kannst allein hingehen«, sagte sie beiläufig, »es ist das dritte von links in der elften Reihe. Ich muß noch wohin.«
Der Buchdrucker erklärte nachher, daß sie wahrscheinlich zu ihrem Flickschuster mußte. Er klagte sehr.
»Ich sitze hier in diesen Löchern mit den Meinen und habe nur noch fünf Stunden Arbeit und schlecht bezahlte, dazu macht mir mein Asthma wieder zu schaffen, und das Haus in der Hauptstraße steht leer.«
Mein Vater hatte im Gasthof ein Zimmer genommen, aber erwartet, daß er zum Wohnen doch von seiner Mutter eingeladen werden würde, wenigstens pro forma, aber sie sprach nicht davon. Und sogar als das Haus voll gewesen war, hatte sie immer etwas dagegen gehabt, daß er nicht bei ihnen wohnte und dazu das Geld für das Hotel ausgab!
Aber sie schien mit ihrem Familienleben abgeschlossen zu haben und neue Wege zu gehen, jetzt, wo ihr Leben sich neigte. Mein Vater, der eine gute Portion Humor besaß, fand sie »ganz munter« und sagte meinem Onkel, er solle die alte Frau machen lassen, was sie wolle.
Aber was wollte sie?
Das nächste, was berichtet wurde, war, daß sie eine Bregg bestellt hatte und nach einem Ausflugsort gefahren war, an einem gewöhnlichen Donnerstag. Eine Bregg war ein großes, hochrädriges Pferdegefährt mit Plätzen für ganze Familien. Einige wenige Male, wenn wir Enkelkinder zu Besuch gekommen waren, hatte Großvater die Bregg gemietet. Großmutter war immer zu Hause geblieben. Sie hatte es mit

einer wegwerfenden Handbewegung abgelehnt, mitzukommen.
Und nach der Bregg kam die Reise nach K., einer größeren Stadt, etwa zwei Eisenbahnstunden entfernt. Dort war ein Pferderennen, und zu dem Pferderennen fuhr meine Großmutter. Der Buchdrucker war jetzt durch und durch alarmiert. Er wollte einen Arzt hinzugezogen haben. Mein Vater schüttelte den Kopf, als er den Brief las, lehnte aber die Hinzuziehung eines Arztes ab.
Nach K. war meine Großmutter nicht allein gefahren. Sie hatte ein junges Mädchen mitgenommen, eine halb Schwachsinnige, wie der Buchdrucker schrieb, das Küchenmädchen des Gasthofs, in dem die Greisin jeden zweiten Tag speiste.
Dieser »Krüppel« spielte von jetzt an eine Rolle.
Meine Großmutter schien einen Narren an ihr gefressen zu haben. Sie nahm sie mit ins Kino und zum Flickschuster, der sich übrigens als Sozialdemokrat herausgestellt hatte, und es ging das Gerücht, daß die beiden Frauen bei einem Glas Rotwein in der Küche Karten spielten.
»Sie hat dem Krüppel jetzt einen Hut gekauft mit Rosen drauf«, schrieb der Buchdrucker verzweifelt. »Und unsere Anna hat kein Kommunionskleid!«
Die Briefe meines Onkels wurden ganz hysterisch, handelten nur von der »unwürdigen Aufführung unserer lieben Mutter« und gaben sonst nichts mehr her. Das Weitere habe ich von meinem Vater.
Der Gastwirt hatte ihm mit Augenzwinkern zugeraunt: »Frau B. amüsiert sich ja jetzt, wie man hört.«
In Wirklichkeit lebte meine Großmutter auch diese letzten Jahre keinesfalls üppig. Wenn sie nicht im Gasthof aß, nahm sie meist nur ein wenig Eierspeise zu sich, etwas Kaffee und vor allem ihren geliebten Zwieback. Dafür leistete sie sich einen billigen Rotwein, von dem sie zu allen Mahlzeiten ein kleines Glas trank. Das Haus hielt sie sehr rein, und nicht nur die Schlafstube und die Küche, die sie benutzte. Jedoch nahm sie darauf ohne Wissen ihrer Kinder eine Hypothek

auf. Es kam niemals heraus, was sie mit dem Geld machte. Sie scheint es dem Flickschuster gegeben zu haben. Er zog nach ihrem Tod in eine andere Stadt und soll dort ein größeres Geschäft für Maßschuhe eröffnet haben.

Genau betrachtet lebte sie hintereinander zwei Leben. Das eine, erste, als Tochter, als Frau und als Mutter, und das zweite einfach als Frau B., eine alleinstehende Person ohne Verpflichtungen und mit bescheidenen, aber ausreichenden Mitteln. Das erste Leben dauerte etwa sechs Jahrzehnte, das zweite nicht mehr als zwei Jahre.

Mein Vater brachte in Erfahrung, daß sie im letzten halben Jahr sich gewisse Freiheiten gestattete, die normale Leute gar nicht kennen. So konnte sie im Sommer früh um drei Uhr aufstehen und durch die leeren Straßen des Städtchens spazieren, das sie so für sich ganz allein hatte. Und den Pfarrer, der sie besuchen kam, um der alten Frau in ihrer Vereinsamung Gesellschaft zu leisten, lud sie, wie allgemein behauptet wurde, ins Kino ein!

Sie war keineswegs vereinsamt. Bei dem Flickschuster verkehrten anscheinend lauter lustige Leute, und es wurde viel erzählt. Sie hatte dort immer eine Flasche ihres eigenen Rotweins stehen, und daraus trank sie ihr Gläschen, während die anderen erzählten und über die würdigen Autoritäten der Stadt loszogen. Dieser Rotwein blieb für sie reserviert, jedoch brachte sie mitunter der Gesellschaft stärkere Getränke mit.

Sie starb ganz unvermittelt, an einem Herbstnachmittag in ihrem Schlafzimmer, aber nicht im Bett, sondern auf dem Holzstuhl am Fenster. Sie hatte den »Krüppel« für den Abend ins Kino eingeladen, und so war das Mädchen bei ihr, als sie starb. Sie war vierundsiebzig Jahre alt.

Ich habe eine Photographie von ihr gesehen, die sie auf dem Totenbett zeigt und die für die Kinder angefertigt worden war.

Man sieht ein winziges Gesichtchen mit vielen Falten und einen schmallippigen, aber breiten Mund. Viel Kleines, aber nichts Kleinliches. Sie hatte die langen Jahre der Knechtschaft und die kurzen Jahre der Freiheit ausgekostet und das Brot des Lebens aufgezehrt bis auf den letzten Brosamen.

1. Was meinst du, hat die Großmutter die letzten zwei Jahre ihres Lebens glücklich verbracht? Wenn ja, worin hat sie das Glück gefunden?
2. Es wird oft gesagt, sich zu amüsieren oder seinem Vergnügen nachzugehen, sei »egoistisch«. Hat sich die Großmutter der Geschichte in ihren letzten Lebensjahren »egoistisch« verhalten? Wann würdest du von jemandem, der tut, was ihm Spaß macht, sagen, er handele egoistisch?
3. Brecht nennt die letzten Lebensjahre der Großmutter »Jahre der Freiheit«. Ist diese Charakterisierung angemessen? Wovon hat sich die »unwürdige Greisin« befreit?

2. Bertrand Russell: Lebensbejahung

Bertrand Russell (1872–1970) gehört zu den bedeutendsten Mathematikern und Philosophen des 20. Jahrhunderts. 1950 erhielt er den Nobelpreis für Literatur. Russell, der bereits während des Ersten Weltkriegs wegen Aufforderung zur Kriegsdienstverweigerung ins Gefängnis kam, wurde weithin bekannt durch seinen Protest gegen die Atomrüstung und gegen den Vietnamkrieg. Von den rund 60 Büchern über mathematische, philosophische, politische und gesellschaftliche Themen, die er in seinem langen Leben geschrieben hat, ist auch eines der Frage nach dem Glück gewidmet. Ihm ist der folgende Text entnommen.

In diesem Abschnitt will ich von dem reden, was mir das allgemeingültige und hervorstechendste Kennzeichen des glücklichen Menschen zu sein scheint: von der Daseinsfreudigkeit.

Was es mit diesem Merkmal auf sich hat, wird einem vielleicht am anschaulichsten klar, wenn man die verschiedenen

Menschen bei Tische beobachtet. Da gibt es welche, denen die Mahlzeit nichts als eine Plage ist; mögen die aufgetragenen Speisen noch so vorzüglich sein, sie können ihnen keinen Reiz abgewinnen. Wahrscheinlich sind ihnen ihr Leben lang bei jeder Mahlzeit ebenso vorzügliche Gerichte vorgesetzt worden, und so wissen sie nicht, was es heißt, nichts zu brechen und zu beißen zu haben, bis der Hunger wie ein wildes Tier im Körper wütet. Ihnen bedeuten ihre Mahlzeiten nur die üblichen Unterbrechungen im täglichen Leben, die von der Sitte nun einmal so festgesetzt sind. Wie alles übrige auf der Welt, ist auch das Essen ihnen langweilig und lästig, nur lohnt es sich nicht, Aufhebens davon zu machen, weil alles andere ebenso langweilig und lästig ist. Eine andere Kategorie sind die Kränklichen, die nur aus Pflichtgefühl essen, weil der Arzt ihnen predigt, es sei zur Erhaltung der Kräfte nötig, sich ordentlich zu nähren. Dann haben wir den Feinschmecker, der sich voll freudiger Erwartung zu Tisch setzt, aber bald feststellen wird, daß ihm nichts gut genug zubereitet ist; ferner den Schlemmer und Vielfraß, der sich voll Gier auf sein Essen stürzt und so viel hinunterschlingt, daß er Kongestionen[2] bekommt. Und schließlich den Menschen, der einen gesunden Appetit mit zu Tisch bringt, sich seines Essens freut, aber aufzuhören weiß, sobald er genug hat. Ganz ähnlich verhalten sich die Teilnehmer am Gastmahl des Lebens den guten Dingen gegenüber, die es ihnen bietet. Die Glücklichen gleichen dem letzten unserer Esser. Was der Hunger beim Essen, ist eine freudig bejahende und zugreifende Haltung in bezug auf das Leben. Wem Essen nur eine lästige Obliegenheit bedeutet, der entspricht dem Opfer der Schwermut; der Kranke, der sich aus Pflichtgefühl nährt, entspricht dem Asketen, der Schlemmer dem Wollüstling, während der Feinschmecker dem allzu wählerischen Menschen vergleichbar ist, der die Hälfte aller Freuden des Daseins als unästhetisch verwirft.

2. Blutandrang.

Sonderbarerweise verachten alle diese Typen, allenfalls mit Ausnahme des Schlemmers, den Menschen mit gesundem Appetit und fühlen sich ihm überlegen. Es kommt ihnen gewöhnlich vor, wenn jemand sein Essen mit Genuß verspeist, weil er hungrig ist, oder wenn man sich des Lebens erfreut, weil es eine Vielzahl interessanter Schauspiele und überraschender Erlebnisse bietet. Und von der Höhe ihrer Blasiertheit blicken sie auf jene hinab, da sie sie als einfältig verachten. [...]

Lebensbejahung kann sich in unendlich viel verschiedenen Formen äußern. Sherlock Holmes fand einmal auf der Straße einen Hut und hob ihn auf. Nachdem er ihn einen Augenblick betrachtet hatte, wußte er, daß sein Träger durch Trunksucht heruntergekommen war und von seiner Frau nicht mehr so geliebt wurde wie ehedem. Für einen Menschen, der einem zufällig gefundenen Hut eine solche Fülle von Beobachtungen abzugewinnen vermochte, konnte das Leben nie inhaltslos werden. Was kann man nicht alles auf einem Spaziergang über Land entdecken! Der eine interessiert sich für Vögel, ein anderer für die Vegetation, der dritte für die Geologie der Gegend, noch ein anderer für die Landschaft. All dies ist interessant für den, der sich dafür interessiert, und wer sich für vieles interessiert, wird besser in der Welt zurechtkommen als jemand, für den nichts oder wenig einen Reiz hat.

Wie außerordentlich verschieden sind z. B. die Menschen gegen ihre Mitmenschen eingestellt! Der eine wird im Verlauf einer langen Eisenbahnfahrt nicht einmal bemerken, wer ihm gegenübersitzt, während ein anderer ein genaues Bild all seiner Mitreisenden mit fortnimmt, über ihre unterschiedlichen Wesenszüge nachgedacht, an ihren Lebensumständen herumgeraten hat und vielleicht den geheimsten Dingen des einen oder andern auf die Spur gekommen ist. Und nicht nur darin, was ihnen an ihrem Nächsten auffällt, unterscheiden sich die Menschen, sondern ebensosehr in ihrer Art, gegen ihren Nächsten zu empfinden. Manche wissen mit niemand etwas anzufangen, andere wieder ent-

wickeln für die Menschen, mit denen sie in Berührung kommen, rasch freundschaftliche Gefühle, sofern nicht besonderer Anlaß zum Gegenteil vorliegt. Oder nehmen wir das Reisen: da gibt es Leute, die durch viele Länder kommen, stets in den ersten Hotels absteigen, dieselben Gerichte verzehren, die sie sich zu Hause vorsetzen lassen, mit denselben reichen Müßiggängern verkehren, mit denen sie bei sich verkehren, und über dieselben Gegenstände reden, die bei ihnen daheim das Tischgespräch bilden. Kommen sie wieder nach Hause, dann haben sie nur ein Gefühl: das der Erleichterung, weil das langweilige und dazu noch kostspielige Herumrutschen wieder einmal überstanden ist. Andere wieder sehen überall, wo sie hinkommen, das, was charakteristisch ist; sie lernen Leute kennen, die für den betreffenden Ort typisch sind, lassen sich nichts historisch oder gesellschaftlich Interessantes entgehen, essen die landesüblichen Gerichte, lernen die landesüblichen Sitten und Redewendungen kennen und kehren mit einem neuen Schatz an ersprießlichem Gedankenmaterial für kommende Winterabende zurück.
In all diesen Fällen ist der lebensbejahende Mensch dem andern gegenüber im Vorteil.

1. Welches Verhalten erwartest du von einem Menschen, den Russell »lebensbejahend« nennt, auf Reisen, bei der Arbeit, in der Partnerschaft? Welches Verhalten erwartest du von den Typen, die Russell ihm entgegensetzt?
2. Kennst du jemanden, der die Einstellung der Lebensbejahung, die Russell beschreibt, in hohem Maße besitzt? Was hat er dazu getan, sich seine Lebensfreude nicht nehmen zu lassen?
3. Kennst du jemanden, der seine Lebensfreude weitgehend oder ganz verloren hat? Wie ist es dazu gekommen?
4. Gute Freunde zu haben ist unbestreitbar eine der wichtigsten Quellen persönlichen Glücks. Woran liegt es, wenn jemand »keine Freunde findet«? Wie würde Russell es erklären? Kannst du ihm zustimmen?

3. Erich Fromm: Liebe ist das Gegenteil von Besitzenwollen

Der Psychoanalytiker Erich Fromm (1900–80) hat in zahlreichen Büchern versucht, typische Einstellungen der modernen Industriegesellschaft zu erklären und zu kritisieren. Die im folgenden abgedruckten Texte sind dem 1976 erschienenen Buch »Haben oder Sein. Die seelischen Grundlagen einer neuen Gesellschaft« entnommen.

Am Haben orientierte Menschen möchten den Menschen, den sie lieben oder bewundern, *haben*. Dies kann man im Verhältnis zwischen Eltern und Kindern, Lehrern und Schülern und unter Freunden beobachten. Beide Partner wollen den anderen zur alleinigen Verfügung haben und begnügen sich nicht damit, die Nähe des anderen zu genießen; deshalb sind sie auf andere eifersüchtig, die den gleichen Menschen »haben« wollen. Jeder klammert sich an den anderen wie ein Schiffbrüchiger an eine Planke. Beziehungen, die wesentlich besitzorientiert sind, sind bedrückend, belastend, voll von Eifersucht und Konflikten.

Allgemeiner gesprochen: Das Verhältnis zwischen den Menschen ist in der Existenzweise des Habens durch Rivalität, Antagonismus[3] und Furcht gekennzeichnet. Das antagonistische Element bei Beziehungen, die am Haben orientiert sind, liegt in der Eigenart des Habens selbst begründet: Wenn Haben die Basis meines Identitätsgefühls ist, weil »ich bin, was ich habe«, dann muß der Wunsch zu haben zum Verlangen führen, viel, mehr, am meisten zu haben. Mit anderen Worten, *Habgier* ist die natürliche Folge der Habenorientierung. Es kann die Habgier des Geizigen, die Habgier des Profitjägers, die Habgier des Schürzenjägers oder mannstoller Frauen sein. Was auch immer seine Gier entfacht, er wird nie genug haben, er wird niemals »zu-frieden« sein. Im Gegensatz zu körperlichen Bedürfnissen wie Hun-

3. Gegnerschaft.

ger, bei denen es physiologisch bedingte Grenzen gibt, ist die *psychische* Gier – und jede Gier ist psychisch, selbst wenn sie über den Körper befriedigt wird – unersättlich, da die innere Leere und Langeweile, die Einsamkeit und die Depression[4], die sie eigentlich überwinden soll, selbst durch die Befriedigung der Gier nicht beseitigt werden können. Da einem das, was man hat, auf die eine oder andere Weise weggenommen werden kann, muß man außerdem ständig mehr haben wollen, um sein Leben vor dieser Gefahr zu schützen. Wenn jeder mehr möchte, muß jeder die aggressiven Absichten seiner Nachbarn fürchten, ihm wegzunehmen, was er hat; um solchen Angriffen vorzubeugen, muß man selbst stärker und präventiv[5] aggressiver werden. Da die Produktion, so groß sie auch sein mag, niemals mit *unbegrenzten* Wünschen Schritt halten kann, muß zwischen den Individuen im Kampf um den größten Anteil Konkurrenz und Antagonismus herrschen. Und selbst wenn ein Stadium absoluten Überflusses erreicht werden könnte, würde der Kampf weitergehen. Wer von der Natur mit schwächerer Gesundheit und geringerer Attraktivität, mit weniger Gaben und Talenten ausgestattet wäre, müßte die anderen, die »mehr« haben, bitter beneiden.

Daß die Existenzweise des Habens und die daraus resultierende Habgier zwangsläufig zu Antagonismus und Kampf zwischen den Menschen führen, gilt sowohl für Völker als auch für einzelne Menschen. Denn solange die Völker aus Menschen bestehen, deren hauptsächliche Motivation das Haben und die Gier ist, werden sie notwendigerweise Krieg führen. Es ist unvermeidlich, daß sie einem anderen Volk neiden, was dieses hat, und versuchen, das, was sie begehren, durch Krieg, ökonomischen Druck und Drohungen zu bekommen. Hauptsächlich werden sie diese Methoden gegen schwächere Völker anwenden, und sie werden Bündnisse mit anderen Staaten schließen, um stärker zu sein als ein stärkeres Volk, das angegriffen werden soll. Sogar wenn

4. Niedergeschlagenheit.
5. vorbeugend.

nur eine leidliche Chance besteht zu gewinnen, wird ein Volk Krieg führen, nicht weil es ihm wirtschaftlich schlecht geht, sondern weil das Verlangen, mehr zu haben und zu erobern, tief in der Existenzweise des Habens verwurzelt ist.

Natürlich gibt es Zeiten des Friedens. Aber man muß zwischen dauerhaftem Frieden und der Art von Frieden unterscheiden, der eine Zeit des Kräftesammelns und der Aufrüstung ist – mit anderen Worten zwischen Frieden, der ein Zustand von andauernder Harmonie, und Frieden, der im Grunde nichts als ein langer Waffenstillstand ist. Obwohl das 19. und das 20. Jahrhundert Zeiten des Waffenstillstands kannten, sind sie doch geprägt durch einen dauernden Kriegszustand zwischen den Hauptakteuren auf der historischen Bühne. Friede als der Zustand anhaltender harmonischer Beziehungen zwischen Völkern ist nur möglich, wenn die Habenstruktur durch die Struktur des Seins ersetzt wird. Die Vorstellung, man könne Frieden haben, während man das Streben nach Besitz und Gewinn unterstützt, ist eine Illusion, und zwar eine gefährliche, denn sie hindert die Menschen zu erkennen, daß sie sich einer klaren Alternative stellen müssen: entweder eine radikale Veränderung des Charakters oder ewiger Krieg. Tatsächlich ist diese Alternative alt; die Führer haben den Krieg gewählt, und die Menschen sind ihnen gefolgt. Heute und in Zukunft, als Folge der unglaublich anwachsenden Destruktivität der neuen Waffen, ist die Alternative nicht länger Krieg – sondern gegenseitiger Selbstmord.

Was für den Krieg zwischen den Völkern gilt, ist ebenso gültig für den Klassenkampf. Es gab den Kampf zwischen den Klassen, zwischen den Ausbeutern und den Ausgebeuteten, in Gesellschaften, die auf dem Prinzip der Habgier begründet waren, immer schon. Es gab ihn dort nicht, wo es keine Ausbeutung gab, weil sie wirtschaftlich nicht möglich war. Aber notwendigerweise gibt es in jeder Gesellschaft, sogar in der reichsten, Klassen, wenn die Orientierung auf das Haben hin vorherrscht. Setzt man grenzenlose Bedürfnisse voraus, kann selbst die ausgedehnteste Produktion nicht Schritt halten mit den Phantasievorstellungen, mehr zu haben als die anderen. Notwendigerweise werden die, die stärker, klüger oder durch irgendwelche Umstände begünstigt sind, versuchen, sich eine Vorrangstellung zu sichern, und sie werden mit Zwang und Gewalt oder durch Suggestion[6] versuchen, die zu übervorteilen, die weniger Macht haben als sie. Unterdrückte Klassen werden ihre Beherrscher stürzen, um selbst Herrscher zu werden, und so endlos weiter. Der Klassenkampf kann mildere Formen annehmen, aber er kann nicht aufhören, solange Habgier das Herz des Menschen beherrscht. Die Vorstellung einer klassenlosen Gesellschaft in einer sogenannten sozialistischen Welt, die vom Geist der Habgier voll ist, ist ebenso illusionär – und gefährlich – wie die Idee eines immerwährenden Friedens zwischen habgierigen Völkern.

In der Existenzweise des Seins hat diese Art von privatem Haben (Privateigentum) wenig gefühlsmäßige Betonung, denn ich brauche etwas nicht zu besitzen, um es genießen, ja sogar, um es benützen zu können. In der Existenzweise des Seins kann mehr als ein Mensch, können in der Tat Millionen Menschen sich an der gleichen Sache erfreuen, da keiner von ihnen sie *haben* muß, um sie genießen zu können. Diese Tatsache verhindert nicht nur Streit, sie bewirkt eines der tiefsten Erlebnisse menschlichen Glücks, *geteilte Freude*. Nichts vereinigt Menschen mehr (ohne ihre Individualität einzuengen) als ihre gemeinsame Bewunderung und Liebe für einen Menschen oder wenn sie durch einen Gedanken, ein Musikstück, ein Gemälde oder ein Ritual verbunden sind oder gar das Leiden teilen. Ein solches Erlebnis macht die Beziehung zwischen zwei Menschen lebendig und erhält sie lebendig, es ist die Grundlage aller großen religiösen, politischen und philosophischen Bewegungen. Dies gilt natürlich nur solange und in dem Maße, als der einzelne wirklich liebt und bewundert. Sobald religiöse und politische Bewegungen

6. gezielte gefühlsmäßige Beeinflussung.

verknöchern, sobald die Bürokratie den Menschen durch Suggestion und Drohungen gängelt, werden weniger die Erfahrungen geteilt als die materiellen Dinge.

Im sexuellen Akt hat die Natur gleichsam den Prototyp – oder das Symbol – gemeinsam erlebter Lust geschaffen, wenn es sich auch empirisch nicht immer um geteilte Lust handelt. Häufig sind die Partner so narzißtisch[7], selbstbezogen und possessiv[8], daß man bestenfalls von *gleichzeitiger*, aber nicht von *geteilter* Lust sprechen kann. [...]

Auch Lieben hat, je nachdem, ob davon in der Weise des Habens oder der des Seins die Rede ist, zwei Bedeutungen.

Kann man Liebe *haben*? Wenn man das könnte, wäre Liebe ein Ding, eine Substanz, mithin etwas, was man haben und besitzen kann. Die Wahrheit ist, daß es kein solches Ding wie »Liebe« gibt. »Liebe« ist eine Abstraktion; vielleicht eine Göttin oder ein fremdes Wesen, obwohl niemand je diese Göttin gesehen hat. In Wirklichkeit gibt es nur den *Akt des Liebens.* Lieben ist ein produktives Tätigsein, es impliziert, für jemanden (oder etwas) zu sorgen, ihn zu kennen, auf ihn einzugehen, ihn zu bestätigen, sich an ihm zu erfreuen – sei es ein Mensch, ein Baum, ein Bild, eine Idee. Es bedeutet, ihn (sie, es) zum Leben zu erwecken, seine (ihre) Lebendigkeit zu steigern. Es ist ein Prozeß, der einen erneuert und wachsen läßt.

Wird Liebe aber in der Weise des Habens erlebt, so bedeutet dies, das Objekt, das man »liebt«, einzuschränken, gefangenzunehmen oder zu kontrollieren. Eine solche Liebe ist erwürgend, lähmend, erstickend, tötend statt belebend. Was als Liebe *bezeichnet* wird, ist meist ein Mißbrauch des Wortes, um zu verschleiern, daß in Wirklichkeit nicht geliebt wird. Es ist eine immer noch offene Frage, wie viele Eltern ihre Kinder lieben. Die Berichte über Grausamkeiten gegenüber Kindern, von physischen bis zu psychischen Quälereien, von Vernachlässigung und purer Besitzgier bis

7. selbstsüchtig, in sich selbst verliebt.
8. besitzgierig.

hin zum Sadismus, die wir in bezug auf die letzten zwei Jahrtausende westlicher Geschichte besitzen, sind so schokkierend, daß man geneigt ist zu glauben, liebevolle Eltern seien die Ausnahme, nicht die Regel.
Für die Ehe gilt das gleiche: Ob sie auf Liebe beruht oder, wie traditionelle Ehen, auf gesellschaftlichen Konventionen und Sitte – Paare, die einander wirklich lieben, scheinen die Ausnahme zu sein. Gesellschaftliche Zweckdienlichkeit, Tradition, beiderseitiges ökonomisches Interesse, gemeinsame Fürsorge für Kinder, gegenseitige Abhängigkeit oder Furcht, gegenseitiger Haß werden bewußt als »Liebe« erlebt – bis zu dem Augenblick, wenn einer oder beide erkennen, daß sie einander nicht lieben und nie liebten. Heute kann man in dieser Hinsicht einen gewissen Fortschritt feststellen: Die Menschen sind nüchterner und realistischer geworden, und viele verwechseln sexuelle Anziehung nicht mehr mit Liebe, noch halten sie eine freundschaftliche, aber distanzierte Teambeziehung für ein Äquivalent[9] von Liebe. Diese neue Einstellung hat zu größerer Ehrlichkeit – und zu häufigerem Partnerwechsel geführt. Sie hat nicht unbedingt dazu geführt, daß man nun häufiger auf Menschen trifft, die sich lieben, die neuen Partner lieben sich möglicherweise genausowenig wie die alten.
Der Wandel vom Beginn des »Verliebtseins« bis zur Illusion, Liebe zu »haben«, kann oft an konkreten Details anhand der Geschichte von Paaren verfolgt werden, die sich verliebt haben. [...]
In der Zeit der Werbung ist sich einer des anderen noch nicht sicher; die Liebenden suchen einander zu gewinnen. Sie sind lebendig, attraktiv, interessant und sogar schön – da Lebendigkeit ein Gesicht immer verschönt. Keiner *hat* den anderen schon, also wendet jeder seine Energie darauf, zu sein, das heißt zu geben und zu stimulieren.
Häufig ändert sich mit der Eheschließung die Situation grundlegend. Der Ehevertrag gibt beiden das exklusive

9. etwas Gleichwertiges wie.

Besitzrecht auf den Körper, die Gefühle, die Zuwendung des anderen. Niemand muß mehr gewonnen werden, denn die Liebe ist zu etwas geworden, was man hat, zu einem Besitz.

Die beiden lassen in ihrem Bemühen nach, liebenswert zu sein und Liebe zu erwecken, sie werden langweilig, und ihre Schönheit schwindet. Sie sind enttäuscht und ratlos. Sind sie nicht mehr dieselben? Haben sie von Anfang an einen Fehler gemacht? Gewöhnlich suchen sie die Ursache der Veränderung beim anderen und fühlen sich betrogen. Was sie nicht begreifen, ist, daß sie beide nicht mehr die Menschen sind, die sie waren, als sie sich ineinander verliebten; daß der Irrtum, man könne Liebe *haben*, sie dazu verleitete, aufzuhören zu lieben. Sie arrangieren sich nun auf dieser Ebene, und statt einander zu lieben, besitzen sie gemeinsam, was sie haben: Geld, gesellschaftliche Stellung, ein Zuhause, Kinder. Die mit Liebe beginnende Ehe verwandelt sich so in einigen Fällen in eine freundschaftliche Eigentümergemeinschaft, eine Körperschaft, in der zwei Egoismen sich vereinen: die »Familie«. In anderen Fällen sehnen sich die Beteiligten weiterhin nach dem Wiedererwachen ihrer früheren Gefühle, und der eine oder andere gibt sich der Illusion hin, daß ein neuer Partner seine Sehnsucht erfüllen werde. Sie glauben, nichts weiter als Liebe zu wollen. Aber Liebe ist für sie ein Idol, eine Göttin, der sie sich unterwerfen wollen, nicht ein Ausdruck ihres Seins. Sie scheitern zwangsläufig, denn »Liebe ist ein Kind der Freiheit« (wie es in einem alten französischen Lied heißt), und die Anbeter der Göttin Liebe versinken schließlich in solche Passivität, daß sie langweilig werden und verlieren, was von früherer Anziehungskraft noch übrig war.

Diese Feststellungen schließen nicht aus, daß die Ehe der beste Weg für zwei Menschen sein kann, die einander lieben. Die Problematik liegt nicht in der Ehe als solcher, sondern in der besitzorientierten Charakterstruktur beider Partner und, letzten Endes, der Gesellschaft, in der sie leben. Die Befürworter moderner Formen des Zusammenlebens wie

Gruppenehe, Partnertausch, Gruppensex etc. versuchen, soweit ich das sehen kann, nur, ihre Schwierigkeiten in der Liebe zu umgehen, indem sie die Langeweile mit ständig neuen Stimuli[10] bekämpfen und die Zahl der Partner erhöhen, statt einen wirklich zu lieben.

1. Wenn Kinder ihre Eltern, Eltern ihre Kinder, Schüler ihre Lehrer, Freunde ihre Freunde »haben« wollen, worin äußert sich das? Schildere einige typische Situationen.
2. Eifersucht ist oft ein Zeichen dafür, daß man denjenigen, dessentwegen man eifersüchtig ist, besitzen oder »haben« will. Ist das immer und notwendig so?
3. Wenn jemand sagt: »Ich kann nicht ohne dich leben«, ist das ein Ausdruck von Liebe oder von Abhängigkeit? Wann würdest du das erstere, wann das letztere sagen?

4. Erich Fromm: Tätigsein und Geschäftigkeit

Der folgende Text ist ebenfalls Erich Fromms Buch »Haben oder Sein« entnommen.

Im modernen Sprachgebrauch wird Aktivität gewöhnlich als ein Verhalten definiert, bei dem durch Aufwendung von Energie eine sichtbare Wirkung erzielt wird. So werden beispielsweise der Bauer, der sein Land bestellt, der Arbeiter am Fließband, der Vertreter, der den Kunden zum Kauf überredet, der Anleger, der sein eigenes Geld oder das anderer Leute investiert, der Arzt, der seinen Patienten behandelt, der Postbeamte, der Briefmarken verkauft, und der Bürokrat, der Akten ablegt, als »aktiv« bezeichnet. Einige dieser Tätigkeiten mögen mehr Interesse und Konzentration als andere erfordern; aber das ändert nichts in bezug auf die »Aktivität«; Aktivität ist allgemein gesprochen

10. Plur. von Stimulus, »Reiz, Anregung«.

gesellschaftlich anerkanntes, zweckhaftes Verhalten, das entsprechende gesellschaftlich nützliche Veränderungen bewirkt.
Aktivität im modernen Sinn bezieht sich nur auf Verhalten, nicht auf die Person, die sich in einer bestimmten Weise verhält. Es wird nicht differenziert[11], ob ein Mensch aktiv ist, weil er wie ein Sklave durch äußere Mächte dazu gezwungen wird oder weil er wie ein von Angst getriebener Mensch unter innerem Zwang steht. Es ist gleichgültig, ob er an seiner Arbeit interessiert ist wie ein Zimmermann oder ein kreativer Schriftsteller, ein Wissenschaftler oder ein Gärtner oder ob er keine innere Beziehung zu seiner Tätigkeit hat und keine Befriedigung durch sie erfährt wie der Arbeiter am Fließband und der Postangestellte.
Aktivität im modernen Sinn unterscheidet nicht zwischen *Tätigsein* und bloßer *Geschäftigkeit.* Es gibt aber einen grundlegenden Unterschied zwischen diesen beiden Arten von Aktivität, der dem ähnelt, den man zwischen »entfremdeter« und »nicht entfremdeter« Tätigkeit machen würde. In der entfremdeten Aktivität erlebe ich mich nicht als das tätige Subjekt meines Handelns, sondern erfahre das *Resultat* meiner Tätigkeit, und zwar als etwas »da drüben«, das von mir getrennt ist und über mir bzw. gegen mich steht. Im Grunde handle nicht *ich*; innere oder äußere Kräfte handeln *durch mich.* Ich bin vom Ergebnis meines Tätigseins getrennt worden. Der deutlichste Fall entfremdeter Aktivität ist im psychopathologischen[12] Bereich die zwangsneurotische Persönlichkeit. Sie steht unter dem inneren Drang, etwas gegen den eigenen Willen zu tun – Stufen zu zählen, bestimmte Redewendungen zu wiederholen, gewisse private Rituale[13] zu vollziehen. Sie kann bei der Verfolgung eines Zieles äußerst »aktiv« sein, aber sie wird dabei, wie psychoanalytische Untersuchungen überzeugend gezeigt haben, von einer inneren Macht angetrieben, deren sie sich nicht

11. unterschieden.
12. seelische Störungen betreffend.
13. hier: starr festgelegte, häufig wiederholte Verhaltensweisen.

bewußt ist. Ein ebenso eindeutiges Beispiel entfremdeter Aktivität ist das posthypnotische Verhalten. Ein Mensch, dem in der hypnotischen Trance ein bestimmter Befehl erteilt wurde, führt diesen nach dem Erwachen aus, ohne sich bewußt zu sein, daß er nicht aus *eigenem* Entschluß handelt, sondern den Anweisungen des Hypnotiseurs gehorcht.

Bei nicht entfremdeter Aktivität erlebe ich *mich* als handelndes *Subjekt* meines Tätigseins. Nicht entfremdete Aktivität ist ein Prozeß des Gebärens und Hervorbringens, wobei die Beziehung zu meinem Produkt aufrechterhalten bleibt. Dies bedeutet auch, daß meine Aktivität eine Manifestation meiner Kräfte und Fähigkeiten ist, daß ich und mein Tätigsein und das Ergebnis meines Tätigseins eins sind. Diese nicht entfremdete Aktivität bezeichne ich als *produktives Tätigsein.* [...]

»Produktiv« im hier gebrauchten Sinn bezieht sich nicht auf die Fähigkeit, etwas Neues oder Originales zu schaffen, es ist nicht gleichbedeutend mit der Kreativität eines Künstlers oder Wissenschaftlers. Es geht hier weniger um das Produkt meiner Aktivität als vielmehr um deren *Qualität.* Ein Gemälde oder eine wissenschaftliche Abhandlung können sehr unproduktiv, das heißt steril sein; andererseits kann der Prozeß, der in einem Menschen vor sich geht, der sich seiner selbst zutiefst bewußt ist oder der einen Baum wirklich »sieht«, statt ihn bloß anzuschauen, oder der ein Gedicht liest und die Gefühle nachempfindet, die der Dichter in Worten ausgedrückt hat, produktiv sein, obwohl nichts »geschaffen« wird. Produktives Tätigsein bezeichnet den Zustand innerer Aktivität, sie muß nicht notwendigerweise mit der Hervorbringung eines künstlerischen oder wissenschaftlichen Werkes bzw. von etwas »Nützlichem« verbunden sein. Produktivität ist eine Charakter-Orientierung, zu der jeder Mensch fähig ist, der nicht emotional verkrüppelt ist. Der produktive Mensch erweckt alles zum Leben, was er berührt. Er gibt seinen eigenen Fähigkeiten Leben und schenkt anderen Menschen und Dingen Leben.

Sowohl »Aktivität« als auch »Passivität« können zwei völlig verschiedene Bedeutungen haben. Entfremdete Aktivität im Sinne bloßer Geschäftigkeit ist in Wirklichkeit »Passivität«, das heißt Unproduktivität. Hingegen kann Passivität im Sinne von Nichtgeschäftigkeit nicht entfremdete Aktivität sein. Dies ist heute so schwer zu verstehen, weil die meisten Arten von Aktivität entfremdete »Passivität« sind, während produktive Passivität selten erlebt wird.

1. Erich Fromm verwendet das Wort »produktiv« in einem ungewöhnlichen Sinn. Was versteht er unter »produktiv«? Welcher Zusammenhang besteht nach Fromm zwischen »Produktivität« in diesem Sinn und dem Glück?
2. Von welchen Voraussetzungen hängt es ab, daß man an einer Tätigkeit innerlich Anteil nimmt, sie also nicht als entfremdet, nicht als bloße Geschäftigkeit erlebt? Liegt es nur an dem Menschen, der die Tätigkeit ausübt, oder auch an der Art der Tätigkeit? Welche Antwort würde Fromm geben?

5. Dorothee Sölle: Das Glück der Meditation

Dorothee Sölle (geb. 1929) ist eine evangelische Theologin, die als Schriftstellerin die religiösen Auffassungen der Tradition für unsere Zeit neu interpretiert. In dem Buch »Die Hinreise«, aus dem der folgende Text stammt, läßt sie viele von den Motiven anklingen, die dem gegenwärtigen Wiedererwachen des religiösen Bewußtseins zugrunde liegen.

»Das ist der tiefste Grund für unsere Seligkeit, zunichte zu werden, unseres Selbst uns zu entledigen.« Die deutschen Mystiker[14] haben für dieses Ichlos-Werden, das genauso das

14. Angehörige einer religiösen Bewegung vor allem des 14. Jh.s: durch Meditation und Versenkung wird eine innige Verbindung mit Gott angestrebt. Vgl. im folgenden Meister Eckart (1260–1327), Heinrich Seuse (1295–1366), Heinrich von Nördlingen (gest. 1379), Angelus Silesius (1624–77).

Ziel buddhistischer Meditation ist, das Wort »Gelassenheit« geprägt. »Gang uz dir selbst und laz dich« (Meister Eckart), das ist die immer wiederkehrende Aufforderung zur Reise, das ist das »turn on, tune in, drop out« (schalt ein, stimm dich ein, brich aus) in der Sprache des 14. Jahrhunderts. Das Wort »Gelassenheit« hat im Verlauf der Sprachgeschichte einen radikalen Bedeutungsverlust erlitten, der ihm gerade die Dimension der Mystiker nahm und die stoische Dimension[15] verstärkte. Gleichgültigkeit, Unempfindlichkeit, Gefühlskälte können späterhin mit »gelassen« ausgedrückt werden; bei Lessing z. B. unterschreibt der Tyrann »gelassen« ein Todesurteil. Für Heinrich Seuse (um 1295–1366), den weniger originalen und kühnen als zarten und empfindsamen unter den Mystikern des 14. Jahrhunderts, hat das Wort einen weiten Umfang und kann mit Geduld, Selbstverleugnung, Gehorsam, Verträglichkeit, Nachgiebigkeit, Selbstbeherrschung, Beherrschung der Begierden, Gottergebenheit wiedergegeben werden. Es steht im Gegensatz zur »Eigenschaft«, zur Betonung des eigenen Ich und der Selbstheit. Ein Mensch voller »Eigenschaft« muß erst lernen, sich zu lassen, und dieses Lernen ist das Wichtigste, was einer lernen kann. Er soll das Hängen am Eigentum, die Sorge für das Fortkommen, das Hängen am Leib, an der Gesundheit und Bequemlichkeit, an der Arbeit und ihren Früchten und an den Lüsten »lassen«. Es ist ein radikales »drop out«, das hier versucht wird, vergleichbar bestimmten Erscheinungen innerhalb der Drogenszene, in der Menschen ebenfalls die wichtigsten kulturellen Werte der Gegenwart, wie Ausbildung und Karriere, Besitz und Konsum, Gesundheit und Bequemlichkeit, Arbeit und Sexualität, negieren und »sich«, nämlich den Agenten dieser immanenten[16] Werte, lassen. Man muß diese Wahrheit der Szene, ihre gegenkulturelle Spitze, im Auge behalten, um gerecht zu bleiben auch

15. die »stoische Ruhe«, die die Philosophenschule der Stoiker (3. Jh. v. Chr. bis 1. Jh. n. Chr.) lehrte: Der Mensch soll sich, gleichgültig gegen seine Gefühle, nur von seiner Vernunft leiten lassen.
16. hier: für unsere Kultur kennzeichnend.

angesichts des manifesten Elends der neuen Abhängigkeit und den aus ihr folgenden Zerstörungen.
Ohne eine radikale Negation dieser Werte, an die das Ich gefesselt ist, ist es nicht möglich, »alle Eigenschaft abzutun« und »sich zu lassen«. »Alle Liebe dieser Welt ist gebaut auf Eigenliebe. Hättest du die gelassen, so hättest du die ganze Welt gelassen.« Man kann in der Mystik drei Stadien des Sich-Lassens unterscheiden. Das erste ist die Welt lassen, »diese« oft auch »Fleisch« genannte Welt. Aber dieses Lassen bedroht zugleich das Ich und seinen Willen, seine Beziehungen. Was bin ich denn noch, wenn ich alles »gelassen« habe? Ich muß auch mich selber verlassen, das zweite Stadium, ich muß ohne Sorge von mir selber weggehen können. Ich muß mich nicht festhalten, weder an den Dingen noch an den eigenen Gefühlen, zumal den depressiven, von denen die Mystiker sehr viel wußten. In diesem Sinn hat die deutsche Redewendung »ich verlasse mich auf Gott« einen tiefen Sinn. Ich brauche mich nicht festzuhalten, weil ich gehalten bin, ich brauche nicht die Last zu tragen, weil ich getragen bin, ich kann von mir selber weggehen und mich preisgeben. Ich kann mich verlassen bedeutet auch, ich kann sterben. So gelange ich »vom Leben in eine Art Tod«. Ich kann den tiefsten Narzißmus[17], der nach Freud[18] darin besteht, daß wir unbewußt den eigenen Tod nicht wahrhaben wollen und von der eigenen Unsterblichkeit überzeugt sind, überwinden, indem ich mich selber lasse. [...]
Ein wiederkehrendes Bild in den mystischen Texten für die Tiefe, in die die Seele sich begibt, wenn sie lernt, sich zu lassen, ist das Bild des Wassers. Wasser und Seele gehören zusammen in mythischer Sprache, aber auch in der Poesie. »Seele des Menschen / wie gleichst du dem Wasser...« (Goethe); darum ist die »Dürre der Seele«, wie das mystische Bild für das normale Totsein heißt, so bedrohlich. Im

17. Selbstsucht, Egoismus.
18. Sigmund Freud (1856–1939), Begründer der Psychoanalyse als einer Theorie der unbewußten seelischen Vorgänge und als psychotherapeutische Methode.

Mythos finden die Menschen ihren Partner oft nach einer Meerfahrt, die lang, ungewiß und gefahrvoll ist. Theseus findet Ariadne, Gunther die Brunhilde, Tristan Isolde nach einer solchen Meer-Reise, will sagen, wenn er seine eigene Seele ermessen hat und in seine eigene Tiefe gekommen ist. Gerade die mystische Sprache ist voller Symbole des Wassers. Der Mensch soll »sich selbst nach seinem eigenen Sein in tiefer Gelassenheit entsinken«, der Geist »versinkt in der Entrückung«, denn Gott ist ihm alles geworden und »alle Dinge irgendwie Gott«. In einem Brief des Heinrich von Nördlingen heißt es: »Ich wünsche Dir, daß Du da trinkest und versinkest in den strömenden Wogen der Barmherzigkeit.« Die im Vollbesitz der Seligkeit sind, »gehen sich selbst verloren und tauchen ganz in den göttlichen Willen ein«. So wird die Seligkeit als »Eintauchen« oder »Schwimmen« beschrieben. »Ihm war öfter, er schwebe in der Luft und schwämme zwischen Zeit und Ewigkeit in der tiefen Woge von Gottes unergründlichem Wunder.« Und ein zentraler Begriff aller Meditation stammt aus der Sprache der Mystik, die »Versenkung«, abgeleitet von Sinken. »Ich versenke mich« bedeutet, daß ich mich gelassen habe und in die Tiefe des Meeres sinken, eintauchen oder untertauchen kann.

Es gibt ein weihnachtliches Kinderlied, das auf einfache Weise das Geheimnis der Religion aussagt: »In deine Lieb versenken / will ich mich ganz und gar. / Mein Herz will ich dir schenken / und alles, was ich hab« (nach Angelus Silesius). Nur wer »sich versenkt« oder »versinkt«, findet das Leben. Nur wer sich verschenkt, ist reich. Nur wer etwas »ganz und gar« tun kann, ist ein Mensch. Wir können dieses Geheimnis die Große Hingabe nennen, und ein Kind kann eine Ahnung davon gewinnen, aber nicht mehr, weil es vom Tod nichts weiß.

Das Symbol des Wassers ist nur zu verstehen, wenn man sich über die Bedrohung, die es natürlicherweise hat, klar ist. Das Wasser bedeutet Untergehen und Sterben. Im Klagebrief eines Verfolgten und Geächteten heißt es: »Also durchströmen meine Seele die Wasser mannigfachen Leidens, und ich stecke oft in der Tiefe des Schlammes, bis ich mein Wesen verliere. Ich komme in eine Tiefe des tiefen Meeres, wo mich viel Ungewitter ertränken will. Hierbei schreie ich mit einer heiseren Stimme zu dem getreuesten Jesu Christo...« Das Wasser ist hier die Metapher des Bedrohtseins, der Vernichtung. Aber nur durch diese Bedrohung und durch diesen Tod des alten Menschen kann der neue Mensch geboren werden. Nur wer sich diesem Tod des Sich-Verlierens und der Selbstaufgabe preisgibt, findet Leben. Die christliche Taufe war, als sie bewußt und erwachsen vollzogen wurde, ein Ritual, das diese Wahrheit zum Ausdruck brachte. Der alte Mensch wird nicht nur moralisch gereinigt, sondern er taucht hinab ins Unbewußte. Man kann die Taufe Jesu als ein Symbol dafür verstehen, daß der Mensch dieses Eintauchen ins Unbewußte überstehen wird. Das Meer wird ihn nicht behalten, so wie es den Jona nicht behielt, der als Symbolfigur für Christus gilt. Die Bedrohung enthält zugleich die Rettung und die Verneinung des irdischen Selbst, des alten Adam, zugleich aber die unendliche Bejahung des ewigen Selbst. Wir finden den Wunsch nach Eintauchen und Sich-Versenken, nach Versinken in den verschiedensten Zeiten und Kulturen. Freud hat ihn als Regression gedeutet: Es ist der Wunsch, aus dem erreichten seelischen Stadium des Erwachsenseins zurückzugehen in eine frühere Phase unserer persönlichen, aber vielleicht auch, wenn wir Jung[19] aufnehmen, unserer kollektiven Entwicklung. Die tiefste individuelle Regression geht darauf, wieder als ein ungeborenes Kind im Leib der Mutter zu schwimmen, dem alles, was es braucht, ohne Arbeit, ohne Leistung, ohne Anstrengung, ohne Bewegung gegeben wird. Regredierend bringen wir uns in diese dunkle Phase des Anfangs zurück, wir suchen Wärme,

19. Carl Gustav Jung (1875–1961), Schweizer Psychiater, der sich nach enger Zusammenarbeit mit Freud von dessen Lehre abwandte und eine eigenständige Theorie des »kollektiven Unbewußten« entwickelte. Nach ihr spielen bestimmte allgemeinmenschliche Bilder und Symbole (»Archetypen«) eine wichtige Rolle im unbewußten Seelenleben.

Dunkel, Geborgenheit, statt sie – als Erwachsene – selber herzustellen.
Diese Deutung zunächst der mystischen Versenkung, aber im weiteren Sinne aller Religiosität ist unbestreitbar. Die Frage ist nur, welchen Wert wir der Regression beimessen und wie wir sie beurteilen. Nur für totale Progressisten, den Manager als Typus, ist sie wertlos, er würde am liebsten auch die tägliche Regression, die wir im Schlaf vollziehen, verkürzen oder ersetzen. Man kann aber die Beobachtung machen, daß gerade kreative Leistungen aus tiefen Regressionen kommen. Nicht nur Künstler, auch Wissenschaftler »finden« wesentliche Ergebnisse, statt sie zu machen. In der zen-buddhistischen[20] Kunst des Bogenschießens trifft nur der, der nicht mehr bewußt zielt. Unsere Kultur verleugnet die »Werte der Nacht«, sie beleuchtet alles überscharf, sie zerstört den Rhythmus des Schlafens durch Schichtarbeit, sie diffamiert die Regression. Aber alles, was wächst und lebendig ist, braucht auch Dunkel. Kinder suchen sich eine Höhle, ein Versteck, einen Winkel; Erwachsene bauen eine Kirche, die Dunkel und Wärme darstellt und in den Symbolen »Schiff« und »Mutter« benannt wird. »O Mutter halte dein Kindlein warm / Die Welt ist kalt und helle«, dichtet der christlich-romantische Brentano. [. . .]
Welcher Zusammenhang besteht zwischen Regression und einem Progreß, der diesen Namen verdiente? Wieviel Regression braucht der Mensch, um progredieren zu können? Wieviel »Weg nach innen« brauchen wir, um wirkliche Veränderung außen herzustellen?
Der Gott der deutschen Mystiker erscheint zunächst rein regressiv. Die Faszination der Hinreise, des Sich-Entsinkens, ist so groß, daß sie oft einer Faszination vom Tode gleicht; für die Rückreise, das Leben, das wiedergeboren und neu werden soll, bleibt dann nichts mehr übrig. Aber dieser Anschein täuscht. Schon Meister Eckart kritisiert die

20. besondere, vor allem auf Meditation gründende (japan.) Richtung des Buddhismus.

reine Regression: »Denn wahrlich, wenn einer wähnt, in Innerlichkeit, Andacht, süßer Verzückung und in besonderer Begnadung Gottes mehr zu bekommen als beim Herdfeuer oder im Stalle, so tust du nichts anders, als ob du Gott nähmest, wändest ihm einen Mantel um das Haupt und schöbest ihn unter eine Bank!« Das Bild erfaßt genau die regressive Tendenz: Gott wird eingewickelt wie ein Baby, seines Kopfes beraubt und in einer Höhle versteckt. »Denn wer Gott in einer bestimmten Weise sucht, der nimmt die Weise und verfehlt Gott, der in der Weise verborgen ist. Wer aber Gott ohne Weise sucht, der erfaßt ihn wie er in sich selbst ist; und ein solcher Mensch lebt mit dem Sohn, und er ist das Leben selbst.« Die Regression ist demnach eine wesentliche Weise, Gott zu suchen, aber sie darf nicht zum Absoluten, zum Allein-Gott gemacht werden.
Auch die Praxis der Mystiker widerspricht der Annahme der bloßen Regression. Viele von ihnen waren vielfach gleichzeitig führend tätig in der Bewegung ihrer Orden, die gegen die schreienden Mißstände angingen. Sie reisten herum, hielten Massenpredigten, arbeiteten als Lehrer und Seelsorger, gründeten Schulen, mischten sich in Kirchen- und Personalpolitik ein, wurden in Prozesse verwickelt und verurteilt, wie Meister Eckart. Diese Verfahren hatten immer auch einen politischen Gehalt, weil die mystische Theologie, zumal in der Landessprache allen verständlich dargeboten, den Menschen ein ungeheures Bewußtsein ihrer Würde, ihrer Möglichkeiten, ihrer Einswerdung mit Gott gab, ohne daß von Priester und Sakramenten überhaupt noch die Rede war. Ohne die mystische Theologie sind die gesamten Reform- und Sektenbewegungen des späten Mittelalters mit ihren revolutionären theologisch-politischen Forderungen nach Aufhebung von Eigentum und Herrschaft unverständlich. So haben die radikalsten häretischen[21] Mystiker, die Brüder und Schwestern vom Freien Geiste, meist Freigeister genannt, die überkommenen kirchlichen Lehren über die

21. ketzerisch.

Schöpfung, die Erlösung und die Strafen im Jenseits abgelehnt und die Begriffe von Gut und Böse für die, welche durch mystisches Einswerden mit Gott, Vollkommenheit und Frieden erlangt hätten, verworfen. Ihre »Rückreise« enthielt bestimmte neue Lebensformen und soziale Veränderungen, sie lehnten den Eid, das Priestertum, den Sakramentalismus, das Privateigentum ab und bauten alle Formen von Herrschaft ab, die sich auf größeres Wissen, klerikale Weihe, hohe Geburt oder männliches Geschlecht begründeten.

Kontemplation und Handeln, Sich-Versenken und reale Politik, religiöse Regression und Progreß stellten für sie eine Einheit dar.

1. »Nur wer sich diesem Tod des Sich-Verlierens und der Selbstaufgabe preisgibt, findet Leben.« Das klingt wie ein Widerspruch. Ist es einer? (Vergleiche: Wer ist wacher? Wer gut oder wer schlecht geschlafen hat?)
2. »Ein Baum wächst um so höher, je tiefer er wurzelt.« So oder ähnlich könnte man die Lebensanschauung der Mystiker bildhaft ausdrücken. Versuche, mit eigenen Worten zu sagen, was damit gemeint ist.
3. Kennst du Beispiele für Künstler oder Wissenschaftler, die ihre Erfindungen nicht konstruiert, sondern »gefunden« haben?

6. Albert Schweitzer: Die Macht des Ideals

Albert Schweitzer (1875–1965) war evangelischer Theologe, Philosoph, Musiker, Musikwissenschaftler und Arzt. 1913 ging er als Missionsarzt nach Lambarene, wo er sein berühmtes Spital gründete. Die Mittel dafür erwarb er u. a. durch Vortrags- und Konzertreisen in Europa. 1952 erhielt Schweitzer den Friedensnobelpreis.

Die Ideen, die das Wesen und das Leben eines Menschen bestimmen, sind in ihm auf geheimnisvolle Weise gegeben. Wenn er aus der Kindheit heraustritt, fangen sie an, in ihm zu knospen. Wenn er von der Jugendbegeisterung für das Wahre und Gute ergriffen wird, blühen sie und setzen Frucht an. In der Entwicklung, die wir nachher durchmachen, handelt es sich eigentlich nur darum, wieviel von dem, was unser Lebensbaum in seinem Frühling an Frucht ansetzte, an ihm bleibt.

Die Überzeugung, daß wir im Leben darum zu ringen haben, so denkend und so empfindend zu bleiben, wie wir es in der Jugend waren, hat mich wie ein treuer Berater auf meinem Wege begleitet. Instinktiv habe ich mich dagegen gewehrt, das zu werden, was man gewöhnlich unter einem »reifen Menschen« versteht.

Der Ausdruck »reif« auf den Menschen angewandt, war mir und ist mir noch immer etwas Unheimliches. Ich höre dabei die Worte Verarmung, Verkümmerung, Abstumpfung als Dissonanzen miterklingen. Was wir gewöhnlich als Reife an einem Menschen zu sehen bekommen, ist eine resignierte Vernünftigkeit. Einer erwirbt sie sich nach dem Vorbilde anderer, indem er Stück um Stück die Gedanken und Überzeugungen preisgibt, die ihm in seiner Jugend teuer waren. Er glaubte an den Sieg der Wahrheit; jetzt nicht mehr. Er glaubte an die Menschen; jetzt nicht mehr. Er glaubte an das Gute; jetzt nicht mehr. Er eiferte für Gerechtigkeit; jetzt nicht mehr. Er vertraute in die Macht der Gütigkeit und der Friedfertigkeit; jetzt nicht mehr. Er konnte sich begeistern; jetzt nicht mehr. Um besser durch die Fährnisse und Stürme des Lebens zu schiffen, hat er sein Boot erleichtert. Er warf Güter aus, die er für entbehrlich hielt. Aber es war der Mundvorrat und der Wasservorrat, dessen er sich entledigte. Nun schifft er leichter dahin, aber als verschmachtender Mensch.

In meiner Jugend habe ich Unterhaltungen von Erwachsenen mitangehört, aus denen mir eine das Herz beklemmende Wehmut entgegenwehte. Sie schauten auf den Idealismus und die Begeisterungsfähigkeit ihrer Jugend als auf etwas Kostbares zurück, das man sich hätte festhalten sollen. Zugleich aber betrachten sie es als eine Art Naturgesetz, daß man das nicht könne.

Da bekam ich Angst, auch einmal so wehmütig auf mich selber zurückschauen zu müssen. Ich beschloß, mich diesem tragischen Vernünftigwerden nicht zu unterwerfen. Was ich mir in fast knabenhaftem Trotze gelobte, habe ich durchzuführen versucht.

Zu gern gefallen sich die Erwachsenen in dem traurigen Amt, die Jugend darauf vorzubereiten, daß sie einmal das meiste von dem, was ihr jetzt das Herz und den Sinn erhebt, als Illusion ansehen wird. Die tiefere Lebenserfahrung aber redet anders zu der Unerfahrenheit. Sie beschwört die Jugend, die Gedanken, die sie begeistern, durch das ganze Leben hindurch festzuhalten. Im Jugendidealismus erschaut der Mensch die Wahrheit. In ihm besitzt er einen Reichtum, den er gegen nichts eintauschen soll.

Wir alle müssen darauf vorbereitet sein, daß das Leben uns den Glauben an das Gute und Wahre und die Begeisterung dafür nehmen will. Aber wir brauchen sie ihm nicht preiszugeben. Daß die Ideale, wenn sie sich mit der Wirklichkeit auseinandersetzen, gewöhnlich von den Tatsachen erdrückt werden, bedeutet nicht, daß sie von vornherein vor den Tatsachen zu kapitulieren haben, sondern nur, daß unsere Ideale nicht stark genug sind. Nicht stark genug sind sie, weil sie nicht rein und stark und stetig genug in uns sind.

Die Macht des Ideals ist unberechenbar. Einem Wassertropfen sieht man keine Macht an. Wenn er aber in den Felsspalt gelangt und dort Eis wird, sprengt er den Fels; als Dampf treibt er den Kolben der mächtigen Maschine. Es ist dann etwas mit ihm vorgegangen, das die Macht, die in ihm ist, wirksam werden ließ.

So auch mit dem Ideal. Ideale sind Gedanken. Solange sie nur gedachte Gedanken sind, bleibt die Macht, die in ihnen ist, unwirksam, auch wenn sie mit größter Begeisterung und festester Überzeugung gedacht werden. Wirksam wird ihre

Macht erst, wenn mit ihnen dies vorgeht, daß das Wesen eines geläuterten Menschen sich mit ihnen verbindet. Die Reife, zu der wir uns zu entwickeln haben, ist die, daß wir an uns arbeiten müssen, immer schlichter, immer wahrhaftiger, immer lauterer, immer friedfertiger, immer sanftmütiger, immer gütiger, immer mitleidiger zu werden. In keine andere Ernüchterung als in diese haben wir uns zu ergeben. In ihr härtet sich das weiche Eisen des Jugendidealismus zum Stahl des unverlierbaren Lebensidealismus. [...]
Als einer, der versucht in seinem Denken und Empfinden jugendlich zu bleiben, habe ich mit den Tatsachen und der Erfahrung um den Glauben an das Gute und Wahre gerungen. In dieser Zeit, wo Gewalttätigkeit in Lüge gekleidet so unheimlich wie noch nie auf dem Throne der Welt sitzt, bleibe ich dennoch überzeugt, daß Wahrheit, Liebe, Friedfertigkeit, Sanftmut und Gütigkeit die Gewalt sind, die über aller Gewalt ist. Ihnen wird die Welt gehören, wenn nur genug Menschen die Gedanken der Liebe, der Wahrheit, der Friedfertigkeit und der Sanftmut rein und stark und stetig genug denken und leben.
Alle gewöhnliche Gewalt beschränkt sich selber. Denn sie erzeugt Gegengewalt, die ihr früher oder später ebenbürtig oder überlegen wird. Die Gütigkeit aber wirkt einfach und stetig. Sie erzeugt keine Spannungen, die sie beeinträchtigen. Bestehende Spannungen entspannt sie, Mißtrauen und Mißverständnisse bringt sie zur Verflüchtigung, sie verstärkt sich selber, indem sie Gütigkeit hervorruft. Darum ist sie die zweckmäßigste und intensivste Kraft.
Was ein Mensch an Gütigkeit in die Welt hinausgibt, arbeitet an den Herzen und an dem Denken der Menschen. Unsere törichte Versäumnis ist, daß wir mit der Gütigkeit nicht ernst zu machen wagen. Wir wollen die große Last wälzen, ohne uns des die Kraft verhundertfachenden Hebels zu bedienen.
Eine unermeßliche tiefe Wahrheit liegt in dem phantastischen Worte Jesu: »Selig sind die Sanftmütigen, denn sie werden das Erdreich besitzen.«[22]

22. Matth. 5,5.

1. Worin besteht der Unterschied zwischen dem, was Schweitzer »Lebensidealismus« und dem, was er »Jugendidealismus« nennt?
2. Wer mit hohen Idealen ins Leben geht, läuft eher Gefahr, von ihm enttäuscht zu werden als derjenige, der sich von vornherein auf die »harte Wirklichkeit« einstellt. Ist der »Realist« deshalb glücklicher?
3. Was die »Idealisten« ihr »Ideal« nennen, wird von den »Realisten« gern als Illusion abgetan. Unter welchen Umständen würdest du den »Realisten« recht geben?
4. Schweitzers »Idealismus« erinnert in manchem an Russells »Lebensbejahung« (Text II,2). Was haben beide Lebenseinstellungen gemeinsam?

III. Wohlstand und Glück

1. Bertolt Brecht: Die Ballade vom angenehmen Leben

Die »Ballade vom angenehmen Leben« ist einer der Songs, die Brechts »Dreigroschenoper« seit ihrer Uraufführung 1928 berühmt gemacht haben. Der Refrain »Nur wer im Wohlstand lebt, lebt angenehm!« geht auf eine Ballade des 15. Jahrhunderts zurück.

1

Da preist man uns das Leben großer Geister
Das lebt mit einem Buch und nichts im Magen
In einer Hütte, daran Ratten nagen.
Mir bleibe man vom Leib mit solchem Kleister!
Das simple Leben lebe, wer da mag!
Ich habe (unter uns) genug davon.
Kein Vögelchen von hier bis Babylon
Vertrüge diese Kost nur einen Tag.
Was hilft da Freiheit? Es ist nicht bequem.
Nur wer im Wohlstand lebt, lebt angenehm!

2

Die Abenteurer mit dem kühnen Wesen
Und ihrer Gier, die Haut zu Markt zu tragen
Die stets so frei sind und die Wahrheit sagen
Damit die Spießer etwas Kühnes lesen:
Wenn man sie sieht, wie das am Abend friert
Mit kalter Gattin stumm zu Bette geht
Und horcht, ob niemand klatscht und nichts versteht
Und trostlos in das Jahr fünftausend stiert.
Jetzt frag ich Sie nur noch: ist das bequem?
Nur wer im Wohlstand lebt, lebt angenehm!

3

Ich selber könnte mich durchaus begreifen
Wenn ich mich lieber groß und einsam sähe
Doch sah ich solche Leute aus der Nähe
Da sagt' ich mir: Das mußt du dir verkneifen.
Armut bringt außer Weisheit auch Verdruß
Und Kühnheit außer Ruhm auch bittre Mühn.
Jetzt warst du arm und einsam, weis und kühn
Jetzt machst du mit der Größe aber Schluß.
Dann löst sich ganz von selbst das Glücksproblem:
Nur wer im Wohlstand lebt, lebt angenehm!

1. Vergleiche die Vor- und Nachteile des »Lebens großer Geister«, die in Brechts Ballade genannt werden. Kommst du zu derselben Lösung des »Glücksproblems« wie die letzte Zeile der Ballade?
2. Kennst du Leute, die sich zwischen »größerer Freiheit und größerem Wohlstand« entscheiden mußten? Wie haben sie sich entschieden, und warum? Wie würdest du dich entscheiden?
3. Inwiefern kann man sagen, daß in Brechts Ballade eine radikale Kritik der bestehenden Gesellschaft enthalten ist?
4. Die modernen Demokratien sind mit dem Versprechen angetreten, dem einzelnen sowohl Freiheit als auch Wohlstand zu ermöglichen. Inwieweit hat sich dieses Versprechen in unserer gegenwärtigen Gesellschaft erfüllt?

Carl Spitzweg: Der arme Poet

1. Beschreibe das Bild *Der arme Poet* von Spitzweg. Schreibe zuerst die Vorteile auf, die eine Lebensweise wie die des »armen Poeten« mit sich bringt, dann die Dinge, auf die der »arme Poet« verzichten muß. Was meinst du, ist der »arme Poet« mit seiner Lebensweise zufrieden? Ist er glücklich?
2. Würdest du wie der »arme Poet« leben wollen?
3. Wenn du wie der »arme Poet« leben *müßtest*, kannst du dir vorstellen, daß du glücklich sein könntest?

2. Arthur Miller: Requiem für einen Handlungsreisenden

Das »Requiem« ist die letzte Szene von Arthur Millers (geb. 1915) Stück »Der Tod des Handlungsreisenden«. Das Stück entstand 1949 und schildert die Vorgeschichte eines Selbstmords. Der Handelsvertreter Willy Loman ist mit zunehmendem Alter nicht mehr so erfolgreich wie früher. Seine Firma hat ihm das Gehalt gestrichen, so daß er auf die Provisionen angewiesen ist. Je mehr sich die materielle Lage seiner Familie verschlechtert, desto höher will Willy mit seinen beiden Söhnen Biff und Happy hinaus. Seit Jahren hegt er Selbstmordgedanken. Sie verdichten sich, als er schließlich seine Stellung verliert und erfährt, daß sein 34jähriger Lieblingssohn Biff nur deshalb noch materiell von ihm abhängig ist, weil er wegen kleiner Diebereien immer wieder hinausgeworfen wird. Willy tarnt seinen Selbstmord als Verkehrsunfall und sichert damit seiner Familie eine Lebensversicherung von 20000 Dollar. Charley ist Willys Nachbar und alter Freund. Bernard ist Charleys Sohn.

Charley. Es wird dunkel, Linda. *(Linda rührt sich nicht. Sie starrt auf das Grab.)*

Biff. Na, Mama? Komm, ruh dich jetzt aus, ja? Das Tor wird bald geschlossen. *(Linda bewegt sich nicht. Pause.)*

Happy *(in großem Zorn).* Er hätte das nicht tun dürfen. Er hatte kein Recht, das zu tun. Wir hätten ihm schon geholfen.

Charley *(grunzt).* Hmm.

Biff. Komm jetzt, Mutter.

Linda. Warum ist niemand gekommen?

Charley. Es war ein sehr schönes Begräbnis.

Linda. Aber wo waren alle seine Bekannten? Vielleicht verurteilen sie ihn.

Charley. Nein. Das Leben ist hart, Linda. Niemand verurteilt ihn.

Linda. Ich verstehe es nicht. Warum gerade jetzt? Das erstemal seit fünfunddreißig Jahren, daß wir schuldenfrei sind. Er brauchte nur ein kleines Gehalt. Sogar mit dem Zahnarzt war er gerade fertig.

Charley. Mit einem kleinen Gehalt ist es nicht getan.

Linda. Ich verstehe es nicht.

Biff. Es hat so hübsche Zeiten gegeben. Wenn er von der Reise zurückkam; oder sonntags, wenn wir die Veranda zimmerten; oder beim Ausbauen des Kellers; oder der Loggia; oder wie er das Extra-Badezimmer gebaut hat und die Garage. Ich will dir was sagen, Charley, in unserer Veranda, da steckt mehr von ihm drin als in seinen ganzen Geschäften.

Charley. Ja. Mit einem Eimer Zement war er glücklich.

Linda. Er war so wunderbar geschickt.

Biff. Nur seine Träume waren falsch. Die waren alle falsch.

Happy *(will beinahe auf Biff losgehen).* Sag das nicht!

Biff. Er hat nie gewußt, wer er war.

Charley *(hält Happy zurück und antwortet für ihn).* Niemand soll einen Stein auf diesen Mann werfen. Begreif doch: Willy war Reisender. Und für einen Handlungsreisenden hat das Leben keinen festen Boden. Er baut keine Häuser, er spricht kein Recht, er verschreibt keine Medizin. Er ist ein Mann, der irgendwie in der Luft schwebt, der mit seinem Lächeln reist und mit seiner Bügelfalte. Und wenn sein Lachen nicht mehr erwidert wird – dann stürzt eine Welt ein. Dann wird sein Hut speckig, und es ist aus mit ihm. Niemand werfe einen Stein auf diesen Mann. Ein Handlungsreisender muß träumen, mein Junge. Das gehört zu seinem Beruf.

Biff. Charley, der Mann hat nicht gewußt, wer er war.

Happy *(aufgebracht).* Du sollst das nicht sagen!

Biff. Warum kommst du nicht mit mir, Happy?

Happy. So leicht geb ich nicht klein bei. Ich bleib hier in der Stadt, und ich bring es zu was. *(Er sieht Biff mit vorgeschobenem Kinn an.)* Die Loman-Brüder!

Biff. Ich weiß, wer ich bin, Kleiner.

Happy. Also gut, mein Junge. Ich werde dir und allen

anderen beweisen, daß Willy Loman nicht vergeblich gestorben ist. Er hat einen guten Traum geträumt. Den einzigen Traum, den es gibt – es zu was zu bringen. Hier hat er den Kampf gekämpft, und hier werde ich ihn für ihn gewinnen.

Biff *(wirft einen hoffnungslosen Blick auf Happy und beugt sich über seine Mutter).* Laß uns gehen, Mutter.

Linda. Ich komme gleich nach. Geh schon voran, Charley. *(Er zögert.)* Laßt mich, nur eine Minute. Ich möchte ihm Lebewohl sagen.

(Charley entfernt sich mit Happy. Biff bleibt weiter hinten, links von Linda, stehen. Sie sitzt da und versucht, sich zu sammeln. Während ihrer Rede hört man, nicht weit entfernt, die Flöte.)

Linda. Vergib mir, Willy. Ich kann nicht weinen. Ich weiß nicht warum, aber ich kann nicht weinen. Ich verstehe es nicht. Warum mußtest du das tun? Hilf mir, Willy, ich kann nicht weinen. Mir ist, als wärst du nur auf einer deiner Reisen. Ich warte dauernd auf dich. Willy, ich kann nicht weinen. Warum hast du das getan? Ich suche und suche und suche, und ich verstehe es nicht, Willy. Heute habe ich die letzte Abzahlung für das Haus geleistet. Heute, Willy. Und nun ist keiner mehr da. *(Ein Schluchzen steigt ihr in die Kehle.)* Wir sind schuldenfrei. *(Sie kann endlich weinen.)* Wir sind frei. *(Biff kommt langsam zu ihr.)* Wir sind frei ... wir sind frei ...

(Biff hilft ihr auf, legt den Arm um sie und führt sie nach rechts ab. Linda weint still vor sich hin. Bernard und Charley kommen und folgen ihnen gemeinsam, als letzter folgt Happy. Auf der Bühne wird es langsam dunkel, man hört nur noch die Flötenmusik, dann werden die scharfen Konturen der Mietskasernen über dem Hause sichtbar und ... der Vorhang fällt.)

1. Was meint Charley, Willy Lomans alter Freund, wenn er zu Willys Frau Linda sagt: »Mit einem kleinen Gehalt ist es nicht getan«? (Überleg dir, bevor du antwortest, was

die letzte Szenenanweisung des Stücks: ». . . dann werden die scharfen Konturen der Mietskasernen über dem Hause sichtbar« zum Ausdruck bringen soll.)

2. Weshalb läßt der Autor Willys Sohn Biff sagen: ». . . oder wie er das Extra-Badezimmer gebaut hat und die Garage«? Wieso hat Willy Loman nicht zuerst seine Schulden abbezahlt?
3. Kannst du dir erklären, warum niemand von Willy Lomans Bekannten zu seinem Begräbnis gekommen ist?

3. Die Sage von König Midas

Die Sage von König Midas ist uns in den »Metamorphosen« (griech., »Verwandlungen«) des römischen Dichters Ovid (43 v. Chr. – 17 n. Chr.) überliefert. Ein Teil dieser Sage ist hier nacherzählt.

Einst schweifte der mächtige Weingott Dionysos mit seinen Bacchantinnen[1] und Satyrn[2] hinüber nach Kleinasien. Dort erging er sich auf den rebenumrankten Höhen des Tmolosgebirges, von seinem Gefolge begleitet. Nur Silenos, der greise Zecher, ward vermißt. Dieser war vom Weinrausch überwältigt eingeschlafen und so zurückgeblieben. Den schlummernden Alten fanden phrygische[3] Bauern; da fesselten sie ihn mit Blumenkränzen und führten ihn zu ihrem Könige Midas. Ehrfürchtig begrüßte der König den Freund des heiligen Gottes, nahm ihn wohl auf und bewirtete ihn mit fröhlichen Gelagen zehn Tage und Nächte lang. Am elften Morgen aber brachte der König seinen Gast auf die lydischen[3] Gefilde, wo er ihn dem Bakchos[4] übergab.

1. in der griech. Mythologie Anhängerinnen des Fruchtbarkeitsgottes Dionysos, die dem Gott bei seinen Zügen über Berge und durch Wälder tanzend, mit Efeu bekränzt, folgen.
2. lüsterne Naturdämonen im Gefolge des Dionysos, Zwittergestalten aus Tier und Mensch.
3. Phrygien, Lydien: antike Landschaften in Kleinasien.
4. anderer Name des Dionysos.

Erfreut, seinen alten Genossen wieder zu haben, forderte der Gott den König auf, sich eine Gabe von ihm zu erbitten. Da sprach Midas: »Darf ich wählen, großer Bakchos, so bewirke, daß alles, was mein Leib berührt, sich in glänzendes Gold verwandle.« Der Gott bedauerte, daß jener keine bessere Wahl getroffen, doch winkte er dem Wunsche Erfüllung. Des schlimmen Geschenkes froh, eilte Midas hinweg und versuchte sogleich, ob die Verheißung sich auch bewähre; und siehe: der grünende Zweig, den er von einer Eiche brach, verwandelte sich in Gold. Rasch erhob er einen Stein vom Boden, der Stein ward zum funkelnden Goldklumpen. Er brach die reifen Ähren vom Halm und erntete Gold; das Obst, das er vom Baume pflückte, strahlte wie die Äpfel der Hesperiden[5]. Ganz entzückt lief er hinein in seinen Palast. Kaum berührte sein Finger die Pfosten der Tür, so leuchteten die Pfosten wie Feuer; ja selbst das Wasser, in das er seine Hände tauchte, verwandelte sich in Gold. Außer sich vor Freude befahl er den Dienern, ihm ein leckeres Mahl zu richten. Bald stand der Tisch bereit, mit köstlichem Braten und weißem Brote beladen. Jetzt griff er nach dem Brote – die heilige Gabe der Demeter[6] ward zu steinhartem Metall; er steckte das Fleisch in den Mund – schimmerndes Blech klirrte ihm zwischen den Zähnen; er nahm den Pokal, den duftenden Wein zu schlürfen – flüssiges Gold schien die Kehle hinabzugleiten.
Nun ward es ihm doch klar, welch ein schreckliches Gut er sich erbeten hatte; so reich und doch so arm, verwünschte er seine Torheit; denn nicht einmal Hunger und Durst konnte er stillen, ein entsetzlicher Tod war ihm gewiß. Verzweifelnd schlug er die Stirn mit der Faust – o Schrecken, auch sein Antlitz strahlte und funkelte wie Gold. Da erhob er angstvoll die Hände zum Himmel empor und flehte: »O Gnade, Gnade, Vater Dionysos! Verzeih mir schwachsinnigem Sünder und nimm das gleißende Übel von mir!« Bak-

5. Hüterinnen der goldenen Äpfel im Garten der Götter in der Nähe des Atlasgebirges, d. h. am westlichen Rand der (kreisförmig vorgestellten) Welt.
6. griech. Göttin der Fruchtbarkeit.

chos, der freundliche Gott, erhörte die Bitte des reuigen Toren, er löste den Zauber und sprach: »Gehe hin zum Fluß Paktolos, bis du seine Quelle im Gebirge findest. Dort, wo das schäumende Wasser dem Felsen entsprudelt, dort tauche das Haupt in die kühle Flut, daß dich der glänzende Firnis verlasse. So spüle zugleich mit dem Golde die Schuld ab.« Midas gehorchte dem göttlichen Befehl, und siehe: zur selbigen Stunde wich der Zauber von ihm; aber die goldschaffende Kraft ging auf den Strom über, der seitdem das kostbare Metall in reichem Maße mit sich führt.
Seit dieser Zeit haßte Midas allen Reichtum, verließ seinen prächtigen Palast und erging sich gern in Fluren und Wäldern, den ländlichen Gott Pan verehrend, dessen Lieblingsaufenthalt schattige Felsengrotten sind.

1. ». . . so reich und doch so arm«: Was ist es, woran König Midas im Reichtum verarmt? Schildere die Stufen, in denen sich der Wechsel von Entzücken zu Verzweiflung vollzieht.
2. Was ist es, woran wir heute durch Reichtum verarmen können? Versuche die Frage zu beantworten, indem du überall da, wo in der Sage das Wort »Gold« vorkommt, das Wort »Geld« einsetzt.
3. Der englische Dichter Oscar Wilde hat einmal gesagt: »Was ist ein Zyniker: Ein Mann, der den Preis von allem und den Wert von nichts kennt«. Kennst du solche Leute? Wie schätzt du ihre Chancen ein, glücklich zu werden?

4. Erhard Eppler: Von der Quantität zur Qualität

Erhard Eppler (geb. 1926) war von 1968 bis 1976 Bundesminister für wirtschaftliche Zusammenarbeit. Der folgende Text ist ein Ausschnitt aus dem Vortrag, den Eppler auf der 4. Internationalen Arbeitstagung der IG Metall in Oberhausen am 11. April 1972 gehalten hat.

Wir sprechen heute von Qualität des Lebens, obwohl wir nicht genau wissen, worin sie besteht, noch weniger, wie sie zu verwirklichen sei. Wir sprechen von Qualität, weil wir an der Quantität irre geworden sind. Am Anfang steht also auch hier nicht das Wissen, sondern der Zweifel.
Wir zweifeln, ob dies gut für die Menschen sei:
– immer breitere Straßen für immer mehr Autos
– immer größere Kraftwerke für immer mehr Energiekonsum
– immer aufwendigere Verpackung für immer fragwürdigere Konsumgüter
– immer größere Flughäfen für immer schnellere Flugzeuge
– immer mehr Pestizide für immer reichere Ernten
– und, nicht zu vergessen, immer mehr Menschen auf einem immer enger werdenden Globus.

Denn wir haben in den letzten Jahren gelernt, daß dies auch bedeutet:
– immer schlechtere Luft
– immer widerlichere Schutthalden
– immer unerträglicherer Lärm
– immer weniger sauberes Wasser
– immer gereiztere Menschen
– immer mehr Giftstoffe in den Organismen
– und immer mehr Tote auf den Straßen.

Wir stellen dies fest, ohne daß wir schon exakt sagen könnten, wie denn das Verhältnis zwischen Wirtschaftswachstum und Lebensqualität genau aussieht. Sicher scheint nur, daß dasselbe Wirtschaftswachstum, das unser Leben in den letzten 100 Jahren in vielem angenehmer gemacht hat, es schließlich auch unerträglich machen kann. [. . .]
Daß wirtschaftliches Wachstum nicht als Maßstab für den Fortschritt taugt, wird bald nicht mehr umstritten sein. Daß die Verdoppelung des Schlaftablettenkonsums innerhalb von sieben Jahren – eine Leistung, die sicher nicht nur die USA aufzuweisen haben – sich statistisch als Erhöhung des Lebensstandards niederschlägt, wird bald ebenso als Kuriosum gewertet werden wie die Tatsache, daß die Arbeit

der Hausfrau im eigenen Haushalt nicht in das Bruttosozialprodukt eingeht, wohl aber die – bezahlte – Arbeit im fremden Haushalt. Die Lebensqualität eines Kleinkindes dürfte jedenfalls ziemlich genau proportional zu der Zeit sein, in der die Mutter sich auf das Kind konzentrieren kann.
Im übrigen gibt keine der gängigen Rechnungsarten darüber Auskunft, ob das wirtschaftliche und menschliche Potential eines Landes sorgfältig genutzt, teilweise verschwendet oder bereits überbeansprucht wird, ob damit mehr oder minder dringende Bedürfnisse befriedigt werden, ob Investitionen die Zukunft sichern oder gefährden.
Ich halte allerdings auch nichts davon, den Begriff des wirtschaftlichen Wachstums zu verteufeln. Soweit Wachstum sich aus Produktivitätsfortschritten der modernen Industriegesellschaft ergibt, ist es ein statistisches Datum, nicht mehr und nicht weniger, für manche Zwecke brauchbar, nur nicht als Maßstab für den Fortschritt der Gesellschaft. Deshalb ist es gut, wenn Wissenschaftler sich seit einigen Jahren um ein System von Indikatoren bemühen, das anzeigt, in welchem Umfang menschliche Grundbedürfnisse befriedigt werden. [...]
Weder der Vorrang ökologischen Denkens noch das Bemühen um eine höhere Lebensqualität signalisiert für mich das Ende der Leistungsgesellschaft. 3,7 Milliarden Menschen können auf diesem Planeten nicht ohne technische Zivilisation leben, geschweige denn die acht bis zwölf Milliarden, mit denen unsere Kinder diesen Globus teilen werden. Eine technische Zivilisation, die nicht funktioniert, ist aber so ziemlich die schlechteste aller denkbaren Welten. Sie funktioniert aber nicht ohne Leistungsprinzip.
Im übrigen werden von uns in nächster Zeit gewaltige Anstrengungen verlangt werden, wenn das Raumschiff Erde ein Ort bleiben und für viele erst werden soll, auf dem es sich leben läßt. Diese Anstrengungen sind ohne Leistungsprinzip nicht denkbar.
Eine andere Frage ist, welchen Rang das Leistungsprinzip haben soll, woran Leistung abzulesen ist und worauf sie sich

richtet. Eine Gesellschaft, die den Wert eines Menschen nur nach seiner Leistung bemißt, wird immer eine inhumane Gesellschaft sein. Im übrigen wird sich unser Begriff von Leistung ändern müssen. Die Leistung einer engagierten Kindergärtnerin fördert die Lebensqualität von Kindern wesentlich mehr als die Leistung des Herstellers von Zukkerwaren, dessen gefärbte Bonbons die Kinder aus dem Automaten holen, um sich damit, wenn nicht den Magen, so doch sicher die Zähne zu ruinieren. [...]
Einem anderen Menschen über eine schwierige Zeit hinwegzuhelfen, auch das Tragen von Leid, kann eine höhere Leistung sein, als seine Mitmenschen von der Unentbehrlichkeit überflüssiger Konsumgüter zu überzeugen. Solange Leistung verlangt wird um der Steigerung von Produktion und Konsum willen, wird die große Verweigerung nicht zu überwinden sein. Aber die Erfahrung zeigt: Wo es darum geht, Menschen das Leben lebenswerter zu machen, werden manche – vor allem junge Leute – leistungswillig, von denen es niemand erwartet hat. Was wir brauchen, sind einleuchtendere Ziele und humanere Maßstäbe für die Leistung.

1. Was versteht Eppler unter »Lebensqualität«? Ist »Lebensqualität« dasselbe wie »Glück«?
2. Eppler spricht davon, daß die Menschen im Zuge des Wirtschaftswachstums immer »gereizter« geworden sind. Entspricht das auch deiner Erfahrung? Gereiztheit ist im allgemeinen ein Zeichen für Unzufriedenheit. Hältst du es für möglich, daß die Menschen mit wachsendem Wohlstand unzufriedener statt zufriedener geworden sind? Begründe deine Meinung.
3. »Lebensqualität« ist ein politischer Begriff. Glaubst du, daß die Politik das Glück des einzelnen in nennenswertem Maße beeinflussen kann? Oder hängt das Glück hauptsächlich von Dingen ab, die zur Privatsphäre gehören, z. B. Liebe, Freundschaft, Familie? In welchen Lebensbereichen ist der Einfluß der Politik auf das Glück des einzelnen am größten, in welchen am geringsten?

5. Ronald Inglehart: Lebensqualität – eine Generationenfrage

Ronald Inglehart (geb. 1934) ist Professor für politische Wissenschaften in den USA. Er beschäftigt sich mit der Frage, wie und warum sich in den letzten Jahren die Werte, Lebensziele und Glücksvorstellungen in den westlichen Industrienationen verändert haben.

Der Begriff Lebensqualität ist erst in den letzten zehn Jahren ein Hauptthema für Politiker und Sozialwissenschaftler der westlichen Nationen geworden. Zwar waren Wohlfahrt und Wohlstand immer schon zentrale politische Ziele. Aber bis noch vor kurzer Zeit enthielten diese beiden Begriffe stillschweigend und fast ausschließlich die Bedeutung »materielle Wohlfahrt«. Es schien selbstverständlich, daß das Kriterium für eine erfolgreiche Gesellschaft die Wachstumsrate der Wirtschaft war. Diese Sichtweise hat sich gewandelt, nichtökonomische Aspekte des Lebens sind immer wichtiger geworden.
Wir glauben, daß die Verschiebung in den Prioritäten einer Gesellschaft von materiellen zu eher nicht-materiellen Zielen einen Wertwandel reflektiert, der in den letzten Jahrzehnten in Deutschland und in den meisten anderen westlichen Industrieländern eingesetzt hat. Umfragedaten, die von uns zwischen 1970 und 1978 erhoben worden sind, stützen die Vermutung, daß Menschen denjenigen Bedürfnissen die meiste Aufmerksamkeit widmen, deren Befriedigung am schwierigsten ist. Der vorher unbekannte Wohlstand der Nachkriegsjahre führte also zu einer allmählichen Verlagerung des Interesses von materiellen zu »postmateriellen« Prioritäten. Dieser Wandel kam nicht plötzlich. Zum großen Teil vollzog er sich durch das Nachwachsen neuer Generationen. Für die Generation, die nach dem Zweiten Weltkrieg geboren wurde, ist Wohlstand etwas Selbstverständliches geworden, und sie orientiert sich deshalb sehr viel stärker an nichtmateriellen Zielen. Die Eltern und

Großeltern dieser Generation, die Hunger und Not während ihrer prägenden Jahre erfahren haben, bleiben auch heute noch bei ihrer starken Gewichtung ökonomischer und physischer Sicherheit.
Der Wertwandel in den westlichen Gesellschaften vollzieht sich unsichtbar und oft unbeachtet. Aber seine Folgen manifestieren sich auf vielerlei Weise. Ein Beispiel dafür ist der Schutz der Umwelt vor Verschmutzung, Autobahnbau oder Atomkraftwerken. Andere Folgen zeigen sich in den Einstellungen zur Arbeit: Ein gutes Gehalt ist längst nicht mehr das Wichtigste, die Bedeutung einer interessanten und sinnvollen Arbeit tritt in den Vordergrund. In zunehmendem Maße suchen die Frauen Gelegenheit zur Selbstverwirklichung außerhalb der traditionellen Arbeitsteilung zwischen den Geschlechtern.
Die politischen Protestbewegungen der letzten Jahre, die von der Mittelschicht ausgehen, scheinen eine weitere Folge des Wandels von einer materialistischen zu einer postmaterialistischen Wertordnung zu sein. Für die Nachkriegsgeneration gilt, daß es gerade die relativ wohlhabenden Schichten sind, die am stärksten ihre Unzufriedenheit mit der bestehenden Gesellschaft äußern – und die größte Bereitschaft zeigen, auch unkonventionelle Mittel zur Veränderung dieser Gesellschaft einzusetzen. Nach traditionellem Denken müßte man eigentlich erwarten, daß die Wohlhabenden relativ zufrieden sind. Bei näherer Betrachtung löst sich das Paradox jedoch auf. Der Nachkriegswohlstand hat eine Gruppe entstehen lassen, die ihre Gesellschaft mit anderen Maßstäben als den bisher geltenden mißt. Und sie kommt dabei sehr oft zu dem Schluß, daß die bestehende Gesellschaft mangelhaft ist [...]
Die entwickelten Industriestaaten kennen kaum noch universale materielle Bedürfnisse in großem Maßstab. Diese Tatsache scheint ursächlich zu sein für einen allmählichen Wandel in der Bedürfnisstruktur. Ideelle und psychische Bedürfnisse treten in den Vordergrund: Das Bedürfnis nach Zugehörigkeit, nach Wertschätzung und intellektueller und

ästhetischer Befriedigung. Ökonomischer Fortschritt ist Voraussetzung für diesen Wandel, aber es handelt sich nicht um einen simplen ökonomischen Determinismus. Es scheint vielmehr, daß sich der Einfluß ökonomischer Faktoren nach einem bestimmten Punkt der Entwicklung rapide vermindert. Indem eine Gesellschaft einen Zustand weit verbreiteten Wohlstands erreicht, gibt es einen allmählichen Wechsel in den Zielen und Werten der in ihr lebenden Menschen. Vereinfacht gesprochen: Je reicher man wird, desto unwichtiger wird Reichtum.
Um diese Hypothesen zu überprüfen, haben wir repräsentative nationale Stichproben in verschiedenen Ländern befragt, welche Werte und Ziele sie persönlich für die wichtigsten halten. Die Befragten bekamen folgende Liste vorgelegt:

A. Aufrechterhaltung der Ordnung im Land.
B. Verstärkte Mitsprache des Volkes bei den Entscheidungen der Regierung.
C. Bekämpfung der Preissteigerung.
D. Schutz der freien Meinungsäußerung.
E. Wirtschaftliches Wachstum.
F. Sicherung der Verteidigungsstärke des Landes.
G. Mehr Mitspracherecht der Menschen an ihrem Arbeitsplatz und in ihrer Gemeinde.
H. Verschönerung unserer Städte und unserer Landschaften.
I. Eine stabile Wirtschaft.
J. Verbrechensbekämpfung.
K. Eine Gesellschaft, die freundlicher und weniger unpersönlich ist.
L. Eine Gesellschaft, in der Ideen mehr zählen als Geld.
[...]

Die Ergebnisse dieser Umfragen bestätigten die Erwartungen. Zunächst war festzustellen: Wer einem materialistischen Ziel die höchste Priorität gab, stufte in der Regel die anderen materialistischen Ziele ähnlich hoch ein. Umgekehrt wurden auch die postmaterialistischen Vorgaben jeweils zusammen gewählt. Wir konnten daher unsere Versuchspersonen in der Regel als reine »Materialisten« und als reine »Postmaterialisten« klassifizieren. Daneben gab es Misch-Typen mit unterschiedlichen materialistischen/postmaterialistischen Anteilen.

Der vermutete Zusammenhang von Wert-Priorität und sozialer Herkunft wurde überraschend deutlich bestätigt. In jeder Altersgruppe betonten die aus wohlhabenden Familien stammenden Versuchspersonen eher die postmaterialistischen Werte.

Und vor allem erfüllte sich die Erwartung, daß sich ein klarer Alters-Effekt beim Wandel von materialistischer zu postmaterialistischer Einstellung zeigen würde. [...]

In den ältesten Gruppen übertrifft die Zahl der Materialisten die der Postmaterialisten enorm. (Wir vernachlässigen hier die Misch-Typen.) Mit abnehmendem Alter nimmt die Zahl der Materialisten gegenüber der der Postmaterialisten ständig ab. Der wohl wichtigste Übergangspunkt dieser Verschiebung wird durch das Ende des Zweiten Weltkrieges markiert. Die Nachkriegsgeneration (Alter zwischen 15 und 24 Jahre im Jahre 1970) unterscheidet sich ganz deutlich von allen anderen Altersgruppen.

Ähnliche Muster zeigen sich auch in den anderen untersuchten Ländern: Die Jungen – und vor allem die Nachkriegsgeneration – setzen deutlich postmaterialistische Prioritäten.

1. Gewöhnlich erwartet man, daß die Wohlhabenderen zufriedener sind als die weniger Wohlhabenden. Warum ist dies nach Inglehart nicht der Fall?
2. Vergleiche die von Inglehart beschriebenen Entwicklungen mit der Theorie der Grundbedürfnisse von Maslow (Frage 2 zu Text I,4). Welche Übereinstimmungen kannst du feststellen?
3. Was besagt der von Inglehart behauptete »Alters-Effekt«? Kannst du Beispiele anführen, die ihn bestätigen oder ihm widersprechen?

IV. Wie man sein Glück verspielen kann

1. Brüder Grimm: Das Märchen vom Fischer und seiner Frau

Das niederdeutsche Märchen »Von dem Fischer un syner Fru« ist im folgenden in einer hochdeutschen Fassung abgedruckt.

Es war einmal ein Fischer und seine Frau, die wohnten in einer alten Hütte dicht an der See. Der Fischer ging alle Tage hin und angelte – und angelte und angelte.
So saß er auch eines Tages mit seiner Angel und schaute in das klare Wasser hinein – und er saß und saß.
Da ging die Angel auf den Grund, tief hinunter. Und wie er sie heraufholte, zog er einen großen Fisch heraus.
Da sagte der Fisch zu ihm: »Ich bitte dich, Fischer, laß mich leben. Ich bin kein rechter Fisch, ich bin ein verwunschener Prinz. Was hilft es dir, wenn du mich tötest? Ich würde dir doch nicht schmecken. Setz mich wieder in das Wasser und laß mich schwimmen.«
»Na«, sagte der Mann, »du brauchst nicht so viele Worte machen. Einen Fisch, der sprechen kann, hätt' ich doch wohl schwimmen lassen.«
Darauf setzte er ihn wieder in das klare Wasser, und der Fisch ging sofort auf den Grund hinab und ließ einen langen Streifen Blut hinter sich. Der Fischer aber stand auf und ging zu seiner Frau in die Hütte.
»Mann«, sagte die Frau, »hast du heute nichts gefangen?«
»Nein«, sagte der Mann, »ich hab einen Fisch gefangen, der sagte, er wär' ein verwunschener Prinz. Da hab ich ihn wieder schwimmen lassen.«
»Hast du dir denn nichts gewünscht?« fragte die Frau.
»Nein«, sagte der Mann, »was sollt' ich mir wünschen?«
»Ach«, sagte die Frau, »das ist doch schlimm, immer in einer so elenden Hütte zu wohnen. Da stinkt's und ist's so

eklig. Du hättest uns doch eine neue Hütte wünschen können. Geh noch einmal hin und ruf ihn. Sag ihm, wir möchten eine neue Hütte haben. Er tut das gewiß.«
»Ach«, sagte der Mann, »was soll ich da noch hingehen?«
»Ei«, sagte die Frau, »du hast ihn doch gefangen und hast ihn wieder schwimmen lassen. Er tut das gewiß. Geh gleich hin!«
Der Mann wollte nicht recht.
Weil er aber seiner Frau nicht zuwider sein wollte, ging er doch hin an die See.
Als er an die See kam, war sie ganz grün und gelb und gar nicht mehr so klar. So stellte er sich an das Wasser und rief:

»Manntje, Manntje, Timpe Te,
Buttje, Buttje in der See!
Meine Frau, die Ilsebill,
will nicht so, wie ich gern will.«

Da kam der Fisch angeschwommen und sagte: »Na, was will sie denn?«
»Ach«, sagte der Mann, »ich hab dich doch gefangen gehabt. Nun sagt meine Frau, ich hätte mir auch was wünschen sollen. Sie mag nicht mehr in der alten Hütte wohnen, sie möcht' gern eine neue haben.«
»Geh nur heim«, sagte der Fisch, »sie hat sie schon.«
Da ging der Mann heim, und seine Frau saß nicht mehr in der alten Hütte. Es stand eine neue da, und seine Frau saß vor der Tür auf einer Bank und sagte zu ihm: »Komm nur herein! Schau, jetzt ist es doch viel besser.«
Sie gingen hinein.
In der Hütte war ein kleiner Vorraum und eine hübsche kleine Stube und eine Kammer, wo für jeden ein Bett stand, und eine Küche und eine Speisekammer. Alles war aufs beste und aufs schönste eingerichtet, mit Zinnzeug und Messing, wie es sich gehört. Hinten war auch ein kleiner Hof mit Hühnern und Enten und ein kleiner Garten mit Gemüse und Obst.
»Schau«, sagte die Frau, »ist das nicht nett?«

»Ja«, sagte der Mann, »so soll's bleiben. Nun wollen wir recht vergnügt leben.«
»Das wollen wir bedenken«, sagte die Frau.
Und dann aßen sie und gingen zu Bett.
So ging das wohl acht oder vierzehn Tage. Da sagte die Frau: »Hör, Mann, die Hütte wird mir zu eng, und der Hof und der Garten sind zu klein. Der Fisch hätte uns wohl auch ein größeres Haus schenken können. Ich will in einem großen steinernen Schloß wohnen. Geh hin zum Fisch, er soll uns ein Schloß schenken.«
»Ach, Frau«, sagte der Mann, »die Hütte ist ja gut genug. Warum sollen wir in einem Schloß wohnen!«
»Ei was«, sagte die Frau, »geh nur hin. Der Fisch kann das schon tun.«
»Nein, Frau«, sagte der Mann, »der Fisch hat uns erst die Hütte gegeben. Ich mag nicht schon wieder kommen. Es könnte den Fisch verdrießen.«
»Geh nur«, sagte die Frau, »er kann das recht gut und tut das gern. Geh du nur hin!«
Dem Mann war das Herz so schwer, und er wollte nicht. Er sagte bei sich selber: »Das ist nicht recht«, ging aber doch hin.
Als er an die See kam, war das Wasser ganz violett und dunkelblau und grau und dick und gar nicht mehr so grün und gelb, doch es war noch ruhig. Da stellte er sich hin und rief:

»Manntje, Manntje, Timpe Te,
Buttje, Buttje in der See!
Meine Frau, die Ilsebill,
will nicht so, wie ich gern will.«

»Na, was will sie denn?« fragte der Fisch.
»Ach«, sagte der Mann ein wenig betrübt, »sie will in einem großen steinernen Schloß wohnen.«
»Geh nur heim, sie steht vor der Tür«, sagte der Fisch.
Da ging der Mann fort und dachte, er wolle nach Hause gehen. Wie er aber dort ankam, stand da ein großer steiner-

ner Palast. Seine Frau stand oben auf der Treppe und nahm ihn bei der Hand und sagte: »Komm nur herein!«
Darauf ging er mit ihr hinein. Und in dem Schloß war eine große Halle mit marmelsteinernem Boden, und viele Bediente waren da, die rissen die großen Türen auf. Die Wände waren alle mit schönen Tapeten, und in den Zimmern standen lauter goldene Stühle und Tische, und kristallene Kronleuchter hingen von der Decke herab. In allen Stuben und Kammern lagen Teppiche, und das Essen und der allerbeste Wein standen auf den Tischen, als wenn sie brechen wollten.
Hinter dem Haus war ein großer Hof mit Pferde- und Kuhstall und mit Kutschen aufs allerbeste. Auch war da ein großer, herrlicher Garten mit den schönsten Blumen und mit feinen Obstbäumen, und ein Lustwäldchen, wohl eine halbe Meile lang, darin waren Hirsche und Rehe und Hasen und alles, was man sich nur wünschen mag.
»Na«, sagte die Frau, »ist das nicht schön?«
»Ach ja«, sagte der Mann, »so soll es auch bleiben. Nun wollen wir in dem schönen Schloß wohnen und zufrieden sein.«
»Das wollen wir bedenken«, sagte die Frau, »und wollen's überschlafen.«
Darauf gingen sie zu Bett.
Am anderen Morgen wachte die Frau zuerst auf. Es war eben Tag geworden, und jeder sah von seinem Bett aus das herrliche Land vor sich liegen.
Der Mann reckte sich noch, da stieß sie ihn mit dem Ellbogen in die Seite und sagte: »Mann, steh auf und guck mal aus dem Fenster. Sieh, können wir nicht König werden über all das Land? Geh hin zum Fisch, wir wollen König sein!«
»Ach, Frau«, sagte der Mann, »weshalb wollen wir König sein! Ich mag nicht König sein.«
»Na«, sagte die Frau, »willst du nicht König sein, so will ich König sein. Geh hin zum Fisch, ich will König sein!«
»Ach, Frau«, sagte der Mann, »weshalb willst du König sein? Das mag ich ihm nicht sagen.«

»Warum nicht?« sagte die Frau. »Geh stracks hin, ich muß König sein!«
Da ging der Mann hin und war ganz betrübt, daß seine Frau König werden wollte. »Das ist nicht recht und ist nicht recht«, sagte der Mann. Er wollte nicht hingehen, ging aber doch hin.
Und als er an die See kam, da war das Wasser schwarzgrau, und es gärte so von unten herauf und roch ganz faul. Da stellte er sich hin und rief:

»Manntje, Manntje, Timpe Te,
Buttje, Buttje in der See!
Meine Frau, die Ilsebill,
will nicht so, wie ich gern will.«

»Na, was will sie denn?« fragte der Fisch.
»Ach«, sagte der Mann, »sie will König werden.«
»Geh nur heim, sie ist es schon«, sagte der Fisch.
Da ging der Mann heim. Und als er zu dem Schloß kam, war es viel größer geworden, mit einem großen Turm und mit herrlichem Zierat daran. Die Schildwache stand vor dem Tor, und viele Soldaten mit Pauken und Trompeten waren da. Und als er in das Haus kam, war alles von purem Marmelstein, mit Gold und samtenen Decken und großen goldenen Quasten.
Da gingen die Türen von dem Saal auf, wo der ganze Hofstaat war. Seine Frau saß auf einem hohen Thron von Gold und Diamant und hatte eine große goldene Krone auf und das Zepter in der Hand, von purem Gold und Edelstein. Ihr zu beiden Seiten standen sechs Jungfrauen in einer Reihe, immer eine einen Kopf kleiner als die andere.
Da stellte er sich hin und sagte: »Ach, Frau, bist du nun König?«
»Ja«, sagte die Frau, »nun bin ich König.«
Er stand da und sah sie an. Und als er sie eine Zeitlang angesehen hatte, sagte er: »Ach, Frau, wie ist das schön, wenn du König bist! Nun wollen wir uns auch nichts mehr wünschen.«

»Nein, Mann«, sagte die Frau und wurde ganz unruhig, »mir wird die Zeit so lang, ich kann das nicht mehr aushalten. Geh hin zum Fisch! König bin ich, nun muß ich Kaiser werden.«

»Ach, Frau«, sagte der Mann, »weshalb willst du Kaiser werden?«

»Mann«, sagte sie, »geh zum Fisch, ich will Kaiser sein!«

»Ach, Frau«, sagte der Mann, »Kaiser kann er nicht machen. Ich mag dem Fisch das nicht sagen. Kaiser ist nur einer im Reich. Kaiser kann der Fisch nicht machen, das kann und kann er nicht.«

»Was«, sagte die Frau, »ich bin König, und du bist mein Mann. Wirst du gleich hingehen? Gleich geh hin! Kann er König machen, kann er auch Kaiser machen. Ich will und will Kaiser sein. Gleich geh hin!«

Da mußte er hingehen. Als der Mann aber hinging, war ihm ganz bange, und er dachte bei sich: »Das geht und geht nicht gut! Kaiser ist zu unverschämt, der Fisch wird am Ende bös.«

So kam er an die See. Das Wasser war ganz schwarz und dick und fing an, so von unten herauf zu gären, daß es nur so Blasen warf, und ein Windstoß ging darüber hin, daß es nur so schäumte. Dem Mann graute es. Da stellte er sich hin und rief:

»Manntje, Manntje, Timpe Te,
Buttje, Buttje in der See!
Meine Frau, die Ilsebill,
will nicht so, wie ich gern will.«

»Na, was will sie denn?« fragte der Fisch.

»Ach, Fisch«, sagte er, »meine Frau will Kaiser werden.«

»Geh nur heim«, sagte der Fisch, »sie ist es schon.«

Da ging der Mann heim. Als er dort ankam, war das ganze Schloß von poliertem Marmelstein mit alabasternen Figuren und goldenem Zierat. Vor dem Tor marschierten die Soldaten, und sie bliesen Trompeten und schlugen die Pauken und Trommeln. Und in dem Haus, da gingen die Barone und

Grafen und Herzöge nur so als Bediente herum. Sie machten ihm die Türen auf, die von lauter Gold waren. Als er hineinkam, saß seine Frau auf einem Thron, der war von einem Stück Gold und ragte hoch hinauf. Sie hatte eine große goldene Krone auf, die war mit Brillanten und Karfunkelsteinen besetzt. In der einen Hand hatte sie das Zepter und in der andern Hand den Reichsapfel. Zu beiden Seiten standen die Trabanten[1] in zwei Reihen, immer einer kleiner als der andere, vom allergrößten Riesen bis zum allerkleinsten Zwerg, der war geradeso groß wie mein kleiner Finger. Und vor ihr standen so viele Fürsten und Herzöge.
Da trat der Mann schüchtern hinzu und sagte: »Frau, bist du nun Kaiser?«
»Ja«, sagte sie, »ich bin Kaiser.«
Er stellte sich hin und sah sie so recht an. Und als er sie eine Zeitlang so angesehen hatte, sagte er: »Ach, Frau, wie ist das schön, wenn du Kaiser bist!«
»Mann«, sagte sie, »was stehst du da? Ich bin jetzt Kaiser. Nun will ich aber auch Papst werden. Geh hin zum Fisch!«
»Ach, Frau«, sagte der Mann, »was willst du nicht alles! Papst kannst du nicht werden, Papst ist nur einer in der Christenheit. Das kann er nicht machen.«
»Mann«, sagte sie, »ich will Papst werden. Gleich geh hin! Ich muß heut noch Papst werden.«
»Nein, Frau«, sagte der Mann, »das mag ich nicht sagen. Das geht nicht gut, das ist zu viel. Papst kann der Fisch nicht machen.«
»Mann, was redest du!« sagte die Frau. »Kann er Kaiser machen, kann er auch Papst machen. Geh sofort hin! Ich bin Kaiser, und du bist nur mein Mann! Wirst du wohl hingehen?«
Da wurde ihm angst und bang, und er ging hin. Es war ihm ganz elend, und er zitterte und bebte, und die Knie schlotterten ihm. Da strich ein Wind übers Land, und die Wolken

1. hier: Diener, Gefolgsleute.

flogen, so daß es düster wurde wie am Abend. Die Blätter wehten von den Bäumen, und das Wasser brodelte, als koche es, und platschte an das Ufer. Von ferne sah er Schiffe, die gaben Notschüsse ab und tanzten und sprangen auf den Wellen. Noch war der Himmel ein bißchen blau in der Mitte, aber an den Seiten zog es herauf wie ein schweres Unwetter. Da stellte er sich in seiner Angst ganz verzagt hin und rief:

»Manntje, Manntje, Timpe Te,
Buttje, Buttje in der See!
Meine Frau, die Ilsebill,
will nicht so, wie ich gern will.«

»Na, was will sie denn?« fragte der Fisch.
»Ach«, sagte der Mann, »sie will Papst werden.«
»Geh nur heim, sie ist es schon.«
Da ging er heim. Als er dort ankam, so war da eine große Kirche, von lauter Palästen umgeben. Er drängte sich durch das Volk. Innen war alles mit tausend und tausend Lichtern erleuchtet, und seine Frau war in lauter Gold gekleidet. Sie saß auf einem noch viel höheren Thron und hatte drei große goldene Kronen auf. Um sie her standen viele vom geistlichen Staat, und zu ihren beiden Seiten standen zwei Reihen Lichter, das größte so dick und groß wie der allergrößte Turm, bis hinunter zu dem allerkleinsten Küchenlicht. Und alle die Kaiser und Könige lagen vor ihr auf den Knien und küßten ihr den Pantoffel.
»Frau«, fragte der Mann, »bist du nun Papst?«
»Ja«, sagte sie, »ich bin Papst.«
Er stellte sich hin und sah sie so recht an, und es war, als ob er in die helle Sonne sehe. Und als er sie eine Zeitlang so angesehen hatte, sagte er: »Ach, Frau, wie ist das schön, wenn du Papst bist!«
Sie saß aber ganz steif da wie ein Stock und rührte und regte sich nicht.
Da sagte er: »Frau, nun sei zufrieden, jetzt, wo du Papst bist. Du kannst ja doch nichts mehr anderes werden.«

»Das will ich bedenken«, sagte die Frau.
Darauf gingen sie beide zu Bett.
Der Mann schlief recht gut und fest, er war den Tag viel gelaufen. Die Frau aber konnte nicht einschlafen. Sie warf sich die ganze Nacht von einer Seite auf die andere und dachte nur immer, was sie wohl noch werden könnte. Aber es fiel ihr nichts ein. Indes wollte die Sonne aufgehen. Als die Frau das Morgenrot sah, richtete sie sich auf im Bett und sah dorthin. Und wie sie so im Fenster die Sonne heraufkommen sah – ha, dachte sie, kann ich nicht auch die Sonne und den Mond aufgehen lassen?
»Mann«, sagte sie und stieß ihn mit dem Ellbogen in die Rippen, »wach auf! Geh hin zum Fisch, ich will werden wie der liebe Gott.«
Der Mann war noch halb im Schlaf, aber er erschrak so sehr, daß er aus dem Bett fiel. Er meinte, er hätte sich verhört, und rieb sich die Augen und fragte: »Ach, Frau, was sagst du da?«
»Mann«, sagte sie, »wenn ich nicht die Sonne und den Mond aufgehen lassen kann und muß das so mit ansehen, daß die Sonne und der Mond aufgehen, ich kann das nicht aushalten und hab keine ruhige Stunde mehr.« Sie sah ihn dabei so grausig an, daß ihn ein Schauder überlief. »Gleich geh hin! Ich will werden wie der liebe Gott.«
»Ach, Frau«, sagte der Mann und fiel vor ihr auf die Knie, »das kann der Fisch nicht. Kaiser und Papst kann er machen. Ich bitte dich, geh in dich und bleibe Papst.«
Da kam sie in große Wut. Die Haare flogen ihr wild um den Kopf. Sie riß sich das Leibchen auf und gab ihm einen Tritt mit dem Fuß und schrie: »Ich halt das nicht aus, ich halt das nicht länger aus! Wirst du hingehen?«
Da schlüpfte er in seine Hose und lief weg wie von Sinnen.
Draußen aber ging der Sturm und brauste, daß er kaum auf den Füßen stehen konnte. Die Häuser und die Bäume wurden umgeweht, die Berge bebten, und die Felstrümmer rollten in die See. Der Himmel war pechschwarz, es don-

nerte und blitzte, und die See ging in so hohen schwarzen Wogen wie Kirchtürme und wie Berge, die hatten oben alle eine Schaumkrone auf.
Da schrie er und konnte sein eigen Wort nicht hören:

»Manntje, Manntje, Timpe Te,
Buttje, Buttje in der See!
Meine Frau, die Ilsebill,
will nicht so, wie ich gern will.«

»Na, was will sie denn?« fragte der Fisch.
»Ach«, sagte der Mann, »sie will werden wie der liebe Gott.«
»Geh nur heim, sie sitzt schon wieder in ihrer alten Hütte.«
Und da sitzen sie noch bis auf den heutigen Tag.

1. Wenn du dem Butt begegnen würdest, dem der Fischer begegnet, was würdest du dir wünschen? Was würde sich dein Vater, deine Mutter, dein Bruder, deine Schwester wünschen?
2. Warum widerstrebt es dem Fischer vom einen zum anderen Mal mehr, dem Butt die Wünsche seiner Frau zu übermitteln?
3. Charakterisiere die Frau des Fischers. Was soll das heißen, daß sie, als sie Papst ist, nicht einschlafen kann, während vom Mann gesagt wird, daß er »recht gut und fest« schlafe?
4. Manche meinen, Glück sei nichts anderes als zu bekommen, was man will. Genügt dir diese Definition?

2. Arthur Schopenhauer: Die Logik des Glücks

Die folgenden Überlegungen des Philosophen Arthur Schopenhauer (1788–1860) zum Problem des Glücks finden sich in seinen 1851 erschienenen »Aphorismen[2] zur Lebensweisheit«.

2. prägnant formulierte, in sich abgeschlossene Gedanken.

Richtig und schön hat der große Glückseligkeitslehrer Epikuros[3] die menschlichen Bedürfnisse in drei Klassen geteilt. Erstlich, die natürlichen und die notwendigen: es sind die, welche, wenn nicht befriedigt, Schmerz verursachen. Folglich gehört hieher nur victus et amictus.[4] Sie sind leicht zu befriedigen. Zweitens, die natürlichen, jedoch nicht notwendigen: es ist das Bedürfnis der Geschlechtsbefriedigung; wiewohl Epikur dies im Berichte des Laertius[5] nicht ausspricht; (wie ich denn überhaupt seine Lehre hier etwas zurechtgeschoben und ausgefeilt wiedergebe). Dieses Bedürfnis zu befriedigen hält schon schwerer. Drittens, die weder natürlichen, noch notwendigen: es sind die des Luxus, der Üppigkeit, des Prunkes und Glanzes: sie sind endlos und ihre Befriedigung ist sehr schwer. [...]

Die Grenze unsrer vernünftigen Wünsche hinsichtlich des Besitzes zu bestimmen ist schwierig, wo nicht unmöglich. Denn die Zufriedenheit eines jeden, in dieser Hinsicht, beruht nicht auf einer absoluten, sondern auf einer bloß relativen Größe, nämlich auf dem Verhältnis zwischen seinen Ansprüchen und seinem Besitz: daher dieser letztere, für sich allein betrachtet, so bedeutungsleer ist, wie der Zähler eines Bruchs ohne den Nenner. Die Güter, auf welche Anspruch zu machen einem Menschen nie in den Sinn gekommen ist, entbehrt er durchaus nicht, sondern ist, auch ohne sie, völlig zufrieden; während ein anderer, der hundertmal mehr besitzt als er, sich unglücklich fühlt, weil ihm eines abgeht, darauf er Anspruch macht. Jeder hat, auch in dieser Hinsicht, einen eigenen Horizont des für ihn möglicherweise Erreichbaren: so weit wie dieser gehn seine Ansprüche. Wann irgendein innerhalb desselben gelegenes Objekt sich ihm so darstellt, daß er auf dessen Erreichung

3. Epikur, griech. Philosoph (341–271 v. Chr.), lehrte, daß wahre Glückseligkeit durch weise Abwägung von Genuß und Verzicht, durch Selbstbeherrschung und Seelenruhe erreichbar sei.

4. Nahrung und Kleidung.

5. Diogenes Laertios, griech. Schriftsteller. Seine um 220 n. Chr. geschriebenen »Leben und Meinungen berühmter Philosophen« sind eine wichtige Quelle für die Geschichte der antiken Philosophie.

vertrauen kann, fühlt er sich glücklich; hingegen unglücklich, wann eintretende Schwierigkeiten ihm die Aussicht darauf benehmen. Das außerhalb dieses Gesichtskreises Liegende wirkt gar nicht auf ihn. Daher beunruhigen den Armen die großen Besitztümer der Reichen nicht, und tröstet andrerseits den Reichen, bei verfehlten Absichten, das viele nicht, was er schon besitzt. (*Der Reichtum* gleicht dem Seewasser: je mehr man davon trinkt, desto durstiger wird man. – Dasselbe gilt vom Ruhm.) – Daß nach verlorenem Reichtum, oder Wohlstande, sobald der erste Schmerz überstanden ist, unsre habituelle[6] Stimmung nicht sehr verschieden von der früheren ausfällt, kommt daher, daß, nachdem das Schicksal den Faktor unsers Besitzes verkleinert hat, wir selbst nun den Faktor unsrer Ansprüche gleich sehr vermindern. Diese Operation aber ist das eigentlich Schmerzhafte, bei einem Unglücksfall: nachdem sie vollzogen ist, wird der Schmerz immer weniger, zuletzt gar nicht mehr gefühlt: die Wunde vernarbt. Umgekehrt wird, bei einem Glücksfall, der Kompressor[7] unsrer Ansprüche hinaufgeschoben, und sie dehnen sich aus: hierin liegt die Freude. Aber auch sie dauert nicht länger, als bis diese Operation gänzlich vollzogen ist: wir gewöhnen uns an das erweiterte Maß der Ansprüche und werden gegen den denselben entsprechenden Besitz gleichgültig. [...] Die Quelle unsrer Unzufriedenheit liegt in unsern stets erneuerten Versuchen, den Faktor der Ansprüche in die Höhe zu schieben, bei der Unbeweglichkeit des andern Faktors, die es verhindert. –

Unter einem so bedürftigen und aus Bedürfnissen bestehenden Geschlecht, wie das menschliche, ist es nicht zu verwundern, daß *Reichtum*, mehr und aufrichtiger als alles andere, geachtet, ja verehrt wird, und selbst die Macht nur als Mittel zum Reichtum; wie auch nicht, daß zum Zwecke des Erwerbs alles andere beiseite geschoben, oder über den

6. gewohnt.
7. Kolben in einem Zylinder, einer Pumpe usw., in dem Luft oder ein anderes Gas verdichtet wird.

Haufen geworfen wird, z. B. die Philosophie von den Philosophieprofessoren. – Daß die Wünsche der Menschen hauptsächlich auf Geld gerichtet sind und sie dieses über alles lieben, wird ihnen oft zum Vorwurf gemacht. Jedoch ist es natürlich, wohl gar unvermeidlich, das zu lieben, was, als ein unermüdlicher Proteus[8], jeden Augenblick bereit ist, sich in den jedesmaligen Gegenstand unsrer so wandelbaren Wünsche und mannigfaltigen Bedürfnisse zu verwandeln. Jedes andere Gut nämlich kann nur *einem* Wunsch, *einem* Bedürfnis genügen: Speisen sind bloß gut für den Hungrigen, Wein für den Gesunden, Arznei für den Kranken, ein Pelz für den Winter, Weiber für die Jugend usw. Sie sind folglich alle nur ἀγαθὰ πρός τι[9], d. h. nur relativ gut. Geld allein ist das absolut Gute: weil es nicht bloß *einem* Bedürfnis in concreto begegnet, sondern *dem* Bedürfnis überhaupt, in abstracto. – [. . .]

Daß für unser Glück und unsern Genuß das Subjektive ungleich wesentlicher, als das Objektive sei, bestätigt sich in allem: von dem an, daß Hunger der beste Koch ist und der Greis die Göttin des Jünglings gleichgültig ansieht, bis hinauf zum Leben des Genies und des Heiligen. Besonders überwiegt die Gesundheit alle äußern Güter so sehr, daß wahrscheinlich ein gesunder Bettler glücklicher ist, als ein kranker König. Ein aus vollkommener Gesundheit und glücklicher Organisation hervorgehendes, ruhiges und heiteres Temperament, ein klarer, lebhafter, eindringender und richtig fassender Verstand, ein gemäßigter, sanfter Wille und demnach ein gutes Gewissen, dies sind Vorzüge, die kein Rang oder Reichtum ersetzen kann. Denn was einer für sich selbst ist, was ihn in die Einsamkeit begleitet und was keiner ihm geben, oder nehmen kann, ist offenbar für ihn wesentlicher, als alles, was er besitzen, oder auch was er in den Augen anderer sein mag. Ein geistreicher Mensch hat, in gänzlicher Einsamkeit, an seinen eigenen Gedanken und

8. in der griech. Mythologie ein Meergreis mit der Fähigkeit, sich in beliebige Gestalten zu verwandeln.
9. agatha pros ti, »gut *für* etwas«.

Phantasien vortreffliche Unterhaltung, während von einem Stumpfen die fortwährende Abwechselung von Gesellschaften, Schauspielen, Ausfahrten und Lustbarkeiten die marternde Langeweile nicht abzuwehren vermag. Ein guter, gemäßigter, sanfter Charakter kann unter dürftigen Umständen zufrieden sein; während ein begehrlicher, neidischer und böser es bei allem Reichtum nicht ist. Nun aber gar dem, welcher beständig den Genuß einer außerordentlichen, geistig eminenten[10] Individualität hat, sind die meisten der allgemein angestrebten Genüsse ganz überflüssig, ja, nur störend und lästig. Daher sagt Horaz von sich:

Gemmas, marmor, ebur, Thyrrhena sigilla, tabellas,
Argentum, vestes Gaetulo murice tinctas,
Sunt qui non habeant, est qui non curat habere;[11]

und Sokrates sagte, beim Anblick zum Verkauf ausgelegter Luxusartikel: »Wie vieles gibt es doch, was ich nicht nötig habe.«

Für unser Lebensglück ist demnach das, was wir *sind*, die Persönlichkeit, durchaus das Erste und Wesentlichste; – schon weil sie beständig und unter allen Umständen wirksam ist: zudem aber ist sie nicht, wie die Güter der zwei andern Rubriken[12], dem Schicksal unterworfen, und kann uns nicht entrissen werden. Ihr Wert kann insofern ein absoluter heißen, im Gegensatz des bloß relativen der beiden andern. Hieraus nun folgt, daß dem Menschen von außen viel weniger beizukommen ist, als man wohl meint. Bloß die allgewaltige Zeit übt auch hier ihr Recht: ihr unterliegen allmählich die körperlichen und die geistigen Vorzüge: der moralische Charakter allein bleibt auch ihr unzugänglich. In dieser Hinsicht hätten denn freilich die

10. hervorragend.
11. Juwelen, Marmor, Elfenbein, Erzbildchen aus Tyrrhener Land, Gemälde und Silbergeschirr, dazu Purpurstoffe Gätulischer Färbung: manch einer entbehrt sie; einen weiß ich, der sie nicht begehrt. Horaz: Episteln, II,2,180–182.
12. Die drei Rubriken sind: 1. was einer ist (Persönlichkeit), 2. was einer hat (Eigentum), 3. was einer vorstellt (Rang und Ruhm).

Güter der zwei letztern Rubriken, als welche die Zeit unmittelbar nicht raubt, vor denen der ersten einen Vorzug. Einen zweiten könnte man darin finden, daß sie, als im Objektiven gelegen, ihrer Natur nach, erreichbar sind und jedem wenigstens die Möglichkeit vorliegt, in ihren Besitz zu gelangen; während hingegen das Subjektive gar nicht in unsere Macht gegeben ist, sondern, jure divino[13] eingetreten, für das ganze Leben unveränderlich feststeht; so daß hier unerbittlich der Ausspruch gilt:

> Wie an dem Tag, der dich der Welt verliehen,
> Die Sonne stand zum Gruße der Planeten,
> Bist alsobald und fort und fort gediehen,
> Nach dem Gesetz, wonach du angetreten.
> So mußt du sein, dir kannst du nicht entfliehen,
> So sagten schon Sybillen, so Propheten;
> Und keine Zeit und keine Macht zerstückelt
> Geprägte Form, die lebend sich entwickelt.
>
> Goethe[14]

Das einzige, was in dieser Hinsicht in unserer Macht steht, ist, daß wir die gegebene Persönlichkeit zum möglichsten Vorteile benutzen, demnach nur die ihr entsprechenden Bestrebungen verfolgen und uns um die Art von Ausbildung bemühen, die ihr gerade angemessen ist, jede andere aber meiden, folglich den Stand, die Beschäftigung, die Lebensweise wählen, welche zu ihr passen.

Ein herkulischer[15], mit ungewöhnlicher Muskelkraft begabter Mensch, der durch äußere Verhältnisse genötigt ist, einer sitzenden Beschäftigung, einer kleinlichen, peinlichen Handarbeit obzuliegen, oder auch Studien und Kopfarbeiten zu treiben, die ganz anderartige, bei ihm zurückstehende Kräfte erfordern, folglich gerade die bei ihm ausgezeichneten Kräfte unbenutzt zu lassen, der wird sich zeitlebens unglücklich fühlen; noch mehr aber der, bei dem die intel-

13. nach göttlichem Recht.
14. »Urworte Orphisch«, 1. Strophe: »Daimon«.
15. wie Herkules.

lektuellen Kräfte sehr überwiegend sind, und der sie unentwickelt und ungenutzt lassen muß, um ein gemeines Geschäft zu treiben, das ihrer nicht bedarf, oder gar körperliche Arbeit, zu der seine Kraft nicht recht ausreicht. Jedoch ist hier, zumal in der Jugend, die Klippe der Präsumtion[16] zu vermeiden, daß man sich nicht ein Übermaß von Kräften zuschreibe, welches man nicht hat.

Aus dem entschiedenen Übergewicht unsrer ersten Rubrik über die beiden andern geht aber auch hervor, daß es weiser ist, auf Erhaltung seiner Gesundheit und auf Ausbildung seiner Fähigkeiten, als auf Erwerbung von Reichtum hinzuarbeiten; was jedoch nicht dahin mißdeutet werden darf, daß man den Erwerb des Nötigen und Angemessenen vernachlässigen sollte. Aber eigentlicher Reichtum, d. h. großer Überfluß, vermag wenig zu unserm Glück; daher viele Reiche sich unglücklich fühlen; weil sie ohne eigentliche Geistesbildung, ohne Kenntnisse und deshalb ohne irgendein objektives Interesse, welches sie zu geistiger Beschäftigung befähigen könnte, sind. Denn was der Reichtum über die Befriedigung der wirklichen und natürlichen Bedürfnisse hinaus noch leisten kann, ist von geringem Einfluß auf unser eigentliches Wohlbehagen: vielmehr wird dieses gestört durch die vielen und unvermeidlichen Sorgen, welche die Erhaltung eines großen Besitzes herbeiführt. Dennoch aber sind die Menschen tausendmal mehr bemüht, sich Reichtum, als Geistesbildung zu erwerben; während doch ganz gewiß was man *ist*, viel mehr zu unserm Glück beiträgt, als was man *hat*. Gar manchen daher sehn wir, in rastloser Geschäftigkeit, emsig wie die Ameise, vom Morgen bis zum Abend bemüht, den schon vorhandenen Reichtum zu vermehren. Über den engen Gesichtskreis des Bereichs der Mittel hiezu hinaus kennt er nichts: sein Geist ist leer, daher für alles andere unempfänglich. Die höchsten Genüsse, die geistigen, sind ihm unzugänglich: durch die flüchtigen, sinnlichen, wenig Zeit, aber viel Geld kostenden, die er zwi-

16. Anmaßung.

schendurch sich erlaubt, sucht er vergeblich jene andern zu ersetzen. Am Ende seines Lebens hat er dann, als Resultat desselben, wenn das Glück gut war, wirklich einen recht großen Haufen Geld vor sich, welchen noch zu vermehren, oder aber durchzubringen, er jetzt seinen Erben überläßt. Ein solcher, wiewohl mit gar ernsthafter und wichtiger Miene durchgeführter Lebenslauf ist daher ebenso töricht, wie mancher andere, der geradezu die Schellenkappe zum Symbol hatte.

1. Stimmst du mit Epikur und Schopenhauer darin überein, daß nur Nahrung und Kleidung existenznotwendig sind? Vergleiche Epikurs und Schopenhauers Einteilung der Bedürfnisse mit der von Maslow (Frage 2 zu Text I,4). Was fällt dir auf?
2. Weshalb nennt Schopenhauer das Bedürfnis nach Geld »natürlich« und »unvermeidlich«? Stimmst du Schopenhauer zu, wenn er sagt, daß Geld nicht nur ein bestimmtes Bedürfnis, sondern das »Bedürfnis« überhaupt befriedigen kann? Welche Bedürfnisse lassen sich denn überhaupt durch Geld befriedigen, wenn wir einmal davon ausgehen, daß es drei Arten grundlegender Bedürfnisse gibt: 1. biologische Existenzbedürfnisse (etwas zu essen haben, ein Dach über dem Kopf haben, gesund sein, Freude am Leben haben); 2. Bedürfnisse nach Sicherheit und Zuwendung (nicht einsam sein, gemocht werden, Freunde haben, sich geborgen fühlen, keine Angst haben); 3. Selbstentfaltungsbedürfnisse (selbst entscheiden, eigene Erfahrungen machen, Erfolg haben, mit sich selbst im Einklang sein)?
3. Wie schätzt Schopenhauer die Möglichkeit ein, anderen Menschen zu ihrem Glück zu verhelfen? Was würde er z. B. von einer Politik halten, die auf die Erhöhung der »Lebensqualität« (vgl. Text III,4) hinarbeiten möchte? Stimmst du ihm zu?
4. Vergleiche die Aussagen Schopenhauers mit den Ergebnissen von Inglehart (Text III,5). Welche Übereinstim-

mungen stellst du fest, in welchen Punkten bestehen Unterschiede?

5. »Das Glück besteht nicht darin, daß du tun kannst, was du willst, sondern darin, daß du auch immer willst, was du tust«. Würde Schopenhauer diesem Satz des russischen Dichters Tolstoi zustimmen?

3. Christiane F.: Stationen der Sucht

Christiane F. (geb. 1963) ist eine junge Berliner Drogensüchtige. Sie wächst in einer Umwelt auf, die ihr wenig inneren Halt und gefühlsmäßige Sicherheit zu geben vermag. Der Vater, chronisch arbeitslos und zu unrealistischen Wunschträumen neigend, läßt die Wut über seine Mißerfolge in Tätlichkeiten an seiner Familie aus. Seine Frau gibt er vor seinen Bekannten als Schwester, seine Töchter als Nichten aus. Der überarbeiteten Mutter bleibt nur wenig Zeit für die Kinder. Die Spannungen führen schließlich zur Scheidung. Die Selbstunsicherheit, ja Selbstverachtung der Eltern überträgt sich auf Christiane. In einer kinderfeindlichen und lieblosen Betonwüste am Rande Berlins sucht sie vergeblich nach einer Alternative zu ihrem tristen Zuhause. Mit zwölf Jahren nimmt sie zum ersten Mal Haschisch; mit vierzehn geht sie – gemeinsam mit ihrem ebenfalls drogenabhängigen Freund – auf den »Babystrich« am Bahnhof Zoo, um die täglichen Dosen Heroin finanzieren zu können.

Ich rauchte jeden Abend. Diejenigen, die in der Clique Geld hatten, gaben den anderen was ab. Ich fand auch nichts mehr dabei, Haschisch zu rauchen. Wir machten das ja ganz offen im Haus der Mitte. Die Sozialarbeiter von der Kirche, die im Club aufpaßten, quatschten uns gelegentlich an, wenn wir rauchten. Da gab es verschiedene Typen. Aber die meisten gaben gleich zu, daß sie auch schon geraucht hätten. Die kamen von der Universität, aus der Studentenbewegung, und da war wohl Haschischrauchen was ganz Normales

gewesen. Und diese Typen sagten dann nur, wir sollten das nicht übertreiben, und das nicht als Fluchtmittel gebrauchen und so etwas. Vor allem sollten wir nicht auf harte Drogen umsteigen.
Das ging bei uns zum einen Ohr rein und zum anderen wieder raus. Was laberten die Typen auch, wo sie zugaben, selber zu rauchen. [...]
Meine Familie war die Clique. Da gab es so was wie Freundschaft, Zärtlichkeit und irgendwie auch Liebe. Schon der Kuß bei der Begrüßung gefiel mir eben wahnsinnig. Jeder küßte jeden zärtlich und freundschaftlich. Mein Vater hatte mich nie so geküßt. Probleme gab es in der Clique nicht. Wir redeten nie über unsere Probleme. Keiner belästigte den anderen mit seinem Scheiß zu Hause oder auf der Arbeit. Wenn wir zusammen waren, gab es für uns die miese Welt der anderen gar nicht. Wir redeten über Musik und Dope[17]. Manchmal über Kleidung und manchmal über Leute, die der Bullengesellschaft in den Hintern traten. Wir fanden jeden gut, der einen Bruch macht, ein Auto klaut oder eine Bank ausraubt.
Nach dem Trip[18] fühlte ich mich echt wie die anderen aus der Clique. Der Trip war unheimlich Schau gewesen. Ich war froh, daß ich nicht auf Horror gekommen war. Die meisten kommen bei der ersten Pille[18] auf einen Horrortrip. Aber ich hatte das ganz cool durchgestanden. Ich fühlte mich bestätigt. Ich nahm die Pille jetzt, wenn ich sie bekam. [...]
Irgendwann gab es dann aber einen Stillstand in der Gruppe. Shit, also Haschisch, und Trips gaben nicht mehr den richtigen Kick. Man hatte sich daran gewöhnt. Irgendwie war das der Normalzustand, auf Shit oder Pille breit zu sein. Es brachte keine neuen Erfahrungen mehr.
Dann kam einer aus der Clique in den Club und sagte: »Leute, ich habe was ganz Neues, Ephedrin. Das Zeug ist Schau.« Ich nahm zwei Pillen Ephedrin, ein Aufputschmittel, ohne genau zu wissen, was ich schluckte. Ich spülte sie

17. Droge.
18. LSD.

mit einem Bier auf ex runter, weil ich das bei einem anderen gesehen hatte. Das fiel mir nicht leicht. Denn ich verabscheute Bier mittlerweile, weil ich die Leute verabscheute, die sich mit Bier vollaufen ließen.

Plötzlich waren jede Menge Pillen im Club. Ich nahm am selben Abend noch eine Mandrax, ein starkes Schlafmittel. Ich fand an diesem Abend wieder alles wahnsinnig cool und liebte die Leute aus der Clique. In den nächsten Wochen machten wir einen richtigen Streifzug durch die pharmazeutische Industrie. [...]

Die Scene im Sound[19] wurde inzwischen immer härter. Das Heroin kam rein wie eine Bombe. Auch in unserer Clique wurde jetzt ständig über H gequatscht. Eigentlich waren alle dagegen. Es gab ja für uns schon genügend Beispiele von Leuten, die das H kaputtgemacht hatte. Aber dann probierte doch einer nach dem anderen den ersten Druck, und die meisten blieben dabei. Das Heroin zerstörte die Clique. Die schon H versucht hatten, gehörten sofort zu einer ganz anderen Gruppe.

Ich hatte einen urischen Horror vor H. Wenn es um H ging, wurde mir plötzlich wieder bewußt, daß ich erst dreizehn war. Andererseits hatte ich wieder diese Hochachtung vor den Gruppen, in denen gedrückt wurde. Das war wieder die nächst höhere Clique für mich. Die Fixer sahen auf uns Hascher und Pillenschlucker mit einer ungeheuren Verachtung herab. Haschisch hieß bei ihnen die Babydroge. Irgendwo deprimierte es mich, daß ich dachte, in die Fixerclique, auf die echte Scene, käme ich nie. Daß es also keinen Aufstieg für mich mehr gab. Denn ich hatte eben einen Horror vor dieser Droge, von der ich wußte, daß sie wirklich das Ende war. [...]

Es passierte überhaupt nichts mehr. Bis zu dem Morgen, an dem ich zur U-Bahn ging und gerade überall Plakate geklebt wurden. Es waren wahnsinnig poppige Plakate. Darauf stand: »David Bowie kommt nach Berlin.« Ich konnte das

19. Diskothek in Berlin.

gar nicht fassen. David Bowie war unser einsamer Star, der coolste von allen. Seine Musik war die beste. Alle Typen wollten aussehen wie David Bowie. Und der kam nun also nach Berlin.
Meine Mutter besorgte mir über ihren Betrieb zwei Freikarten für das Konzert. Ich wußte komischerweise sofort, wem ich die zweite Karte schenken wollte: Frank. Ich dachte nicht darüber nach, warum gerade Frank. Frank war einer aus unserer alten Sound-Clique. Er sah irgendwie original aus wie David Bowie. Er hatte sich sogar das Haar mit Henna rot gefärbt. Vielleicht war das der Grund, daß ich auf ihn kam.
Frank war aber auch der erste Fixer aus unserer Clique gewesen. Er war als erster schwer körperlich drauf auf H. Früher wurde er Hühnchen genannt. Jetzt sagten alle schon Leiche, weil er mittlerweile echt wie eine wandelnde Leiche aussah. Er war wie fast alle Jungs aus der Clique so um die 16 Jahre alt. Aber er hatte für sein Alter einen unheimlichen Durchblick. Er stand über allem. Er war so souverän, daß er selbst mir kleiner Hascherin gegenüber nie hochmütig tat.
Ich wollte also ausgerechnet mit einem totalen Fixer zu dem David Bowie-Konzert, das in meiner Vorstellung damals eines der bedeutendsten Ereignisse meines Lebens war. Wie bedeutend, wußte ich allerdings noch nicht, als ich Hühnchen die Karte anbot. Ich lebte ja nur aus dem Unterbewußtsein. Aber irgendwie mußte sich in den Wochen, in denen mir Tabletten, Shit und LSD nichts mehr gegeben hatten, meine Einstellung zu H geändert haben. Jedenfalls waren die unüberwindlichen Barrieren, die zwischen mir und den Fixern gewesen waren, offenbar weg.
In der Deutschlandhalle, wo das Konzert stattfand, war eine dufte Stimmung. Es waren fast nur coole Leute da, eben Bowie-Fans. Neben uns saßen amerikanische Soldaten, die rauchten eine Pfeife. Wir brauchten nur hinzugucken, da gaben sie die Pfeife an uns weiter. Alle waren in einer ganz geilen Stimmung. Hühnchen sog wie wahnsinnig an der Pfeife. Ihm ging es aber trotzdem immer schlechter.

Als David Bowie anfing, da war es beinah so geil, wie ich es mir vorgestellt hatte. Es war wahnsinnig. Als er dann aber zu dem Stück kam »It is too late«, es ist zu spät, kam ich mit einem Schlag runter. Ich war mit einem Mal ganz blöde drauf. Schon in den letzten Wochen, als ich nicht mehr wußte, wozu und wohin, war mir dies »It is too late« an den Nerv gegangen. Ich dachte, daß der Song genau meine Situation beschrieb. Nun haute mich dieses »It is too late« um. Ich hätte mein Valium gebraucht.
Nach dem Konzert konnte Hühnchen echt kaum noch gehen. Er war total auf Turkey[20]. Wir trafen Bernd, den Freund von Detlef. Der hatte sich noch vor dem Konzert einen Druck gemacht. Er sagte, wir müßten etwas tun für Hühnchen. Er selber könne auch noch einen Druck vertragen.
Bernd hatte noch zwei Trips. Die verkauften wir ganz schnell vor der Deutschlandhalle und hatten dann erst mal 12 Mark. Den Rest sollte ich schlauchen. Ich war Meister im Schlauchen. Im Sound hatte ich mir einen großen Teil des Geldes, das ich für Drogen brauchte, zusammengeschlaucht. Wenigstens 20 Mark mußten es werden. Unter dem gab es nichts zu kaufen auf der Scene. Das Schlauchen vor der Deutschlandhalle ging fabelhaft. Da waren ja auch viele Leute mit Kohle im Konzert gewesen, Typen, die nicht schon alle Naslang angehauen worden waren von jemandem, der nur Dope wollte. Ich brachte meine Sprüche »Kein Geld für die U-Bahnfahrkarte« und so, und das Geld klingelte nur so in meiner Plastiktasche. Bernd kaufte davon H. Mehr als genug für zwei Drucks. Dope war damals gerade relativ billig.
Der Gedanke kam mir dann urplötzlich: »Jetzt hast du das Geld schon dafür geschlaucht, jetzt willst du auch wenigstens mal was davon probieren. Mal sehen, ob das Zeug wirklich so gut ist, wie die Fixer manchmal nach dem Druck glücklich aussehen.« Weiter dachte ich wirklich nicht. Ich

20. Entzugserscheinungen (»Flattern« – wie bei einem Truthahn).

hatte ja nicht den Durchblick, daß ich mich in den vergangenen Monaten systematisch reif gemacht hatte fürs H. Mir war in diesem Moment nicht einmal bewußt, daß ich ja in einem wahnsinnigen Tief war, daß mich dieses »It is too late« voll umgehauen hatte, daß mir keine andere Droge da mehr raushalf, daß auf meinem Weg jetzt H die logische Konsequenz war. Alles, was ich dachte, war, daß ich nicht wollte, daß die beiden Fixer jetzt loszogen und mich allein in meiner Scheiße zurückließen. Ich sagte den anderen beiden sofort, daß ich mal probieren wollte. Hühnchen konnte kaum noch sprechen. Aber er wurde richtig wütend. Er sagte: »Das machst du nicht. Du hast keine Ahnung, was du tust. Wenn du das machst, bist du in kurzer Zeit genau da, wo ich jetzt bin. Dann bist du nämlich eine Leiche.« Hühnchen wußte ganz genau, daß man ihn Leiche nannte.
Es war also nicht so, daß ich armes Mädchen von einem bösen Fixer oder Dealer bewußt angefixt wurde, wie man es immer in Zeitungen liest. Ich kenne niemanden, der praktisch gegen seinen Wunsch angefixt wurde. Die meisten Jugendlichen kommen ganz allein zum H, wenn sie so reif dafür sind, wie ich es war. [...]
Ich fühlte mich wie in einer tollen neuen Familie. Ich sagte nicht viel, aber ich hatte das Gefühl, zu den beiden über alles reden zu können. Das H machte uns zu Geschwistern. Wir waren alle gleich. Ich hätte meine geheimsten Gedanken verraten. Nach den miesen Wochen davor meinte ich nun, noch nie so glücklich gewesen zu sein. [...]
Ich bildete mir ein, ich würde ein Wochenend-Fixer bleiben. Jeder, der mit H anfängt, bildet sich das ein, obwohl er natürlich niemanden kennt, der Wochenend-Fixer geblieben ist. Ich bildete mir obendrein noch ein, ich könne Detlef[21] davor retten, ein richtiger Fixer zu werden. Das waren so die Lügen, mit denen ich happy war.
Mein Unterbewußtsein glaubte diese Lügen wahrscheinlich nicht. Wenn mich jemand auf H ansprach, rastete ich aus.

21. Christianes Freund.

Ich brüllte rum und schrie »abhauen«.
Und ich begann alle Mädchen in meinem Alter zu hassen, denen ich ansah, daß sie auf dem gleichen Weg waren wie ich. [...]
Es war mittlerweile Frühling, und draußen wurde es immer wärmer. Mit den ersten warmen Tagen im Jahr verband sich für mich ein Gefühl von Glück. Das hatte ich wohl noch aus meiner Kindheit. Barfußlaufen, sich nackend ausziehen, im Wasser planschen, aufblühende Blumen im Garten. In diesem Frühling 1976 wartete ich vergeblich auf das Glücksgefühl. Ich dachte, es könne gar nicht sein, daß das Leben nicht irgendwie schön wird, wenn die Sonne immer wärmer wird. Aber ich schleppte immer Probleme mit mir rum und wußte nicht mal richtig, was für Probleme das waren. Ich sniefte H, und die Probleme waren weg. Aber so ein Snief hielt längst nicht mehr für eine Woche vor.
Im Mai feierte ich meinen vierzehnten Geburtstag. Meine Mutter gab mir einen Kuß und fünfzig Mark. Die fünfzig Mark hatte sie sich vom Haushaltsgeld abgespart. Ich sollte mir was kaufen, worüber ich mich besonders freute.
Ich fuhr abends auf die Scene an der Kurfürstenstraße. Vierzig Mark gab ich für zwei Viertel H aus.
Während der Schulstunden, an denen ich noch teilnahm, pennte ich nun völlig apathisch vor mich hin. Oft richtig tief, mit geschlossenen Augen, den Kopf auf der Bank. Wenn ich morgens viel Dope gehabt hatte, bekam ich nur ganz mühsam ein paar Worte raus. Die Lehrer mußten merken, was mit mir los war. Aber nur ein einziger sprach mich in dieser Zeit mal auf Rauschgift an und fragte sogar nach meinen Problemen. Die anderen taten so, als wäre ich eben eine faule, verpennte Schülerin und schrieben mir Sechsen an. Wir hatten ohnehin so viele Lehrer, daß die meisten schon froh waren, wenn sie unsere Namen kannten. Einen persönlichen Kontakt gab es ja kaum. Die sagten auch bald nichts mehr dazu, daß ich grundsätzlich keine Schularbeiten machte. Und sie holten nur noch ihr Notenbuch heraus, wenn ich bei Klassenarbeiten »Kann ich nicht« ins

Heft schrieb, es sofort abgab und dann vor mich hingemalt habe, irgendeinen Blödsinn. Die meisten Lehrer, glaube ich, interessierten sich nicht mehr für die Schule als ich. Die hatten auch total resigniert und waren wie ich heilfroh, wenn wieder eine Stunde rum war ohne Klamauk. [...]

Das Nachdenken fing noch ganz harmlos an. Ich dachte: Das ist doch echt Scheiße. Erst linkt dich dein einziger Freund ab und dann deine beste Freundin. Es gibt eben überhaupt keine Freundschaft unter Fixern. Du bist total allein. Du bist immer allein. Alles andere ist Einbildung. Der ganze Terror um einen Druck an diesem Nachmittag. Das war ja nichts Besonderes. Jeden Tag ist dieser Terror.

Ich hatte einen lichten Moment. Ich hatte ja manchmal lichte Momente. Aber immer nur auf H. Wenn ich nüchtern war, dann war ich total unzurechnungsfähig. Das hatte dieser Tag mal wieder ausreichend bewiesen.

Ich dachte also weiter nach. Das war gar nicht dramatisch. Ich war ganz ruhig, weil ich mir ja genügend H reingeknallt hatte. In das Krankenhaus zurück ging ich nicht. Es war schon nach elf.

Ich wäre da sowieso rausgeflogen, und mich hätte auch kein Krankenhaus mehr aufgenommen. Die Ärztin hatte meiner Mutter gesagt, daß meine Leber kurz vor der Zirrhose[22] sei. Wenn ich so weitermachte, hätte ich jedenfalls nicht mehr als zwei Jahre. Mit Drogen-Info[23] war es sowieso aus. Da brauchte ich gar nicht mehr anzurufen, denn die standen mit dem Krankenhaus in Verbindung. War auch richtig, daß sie solche wie mich nicht aufnahmen. Es gab schließlich viele Fixer in Berlin, die gern in die Therapie wollten und eben kaum Therapie-Plätze. Klar, daß nur Leute einen Therapieplatz bekamen, die noch genügend Power hatten, bei denen also echt eine Aussicht bestand, daß sie von der Droge wegkamen. Und zu denen gehörte ich ja nun mit Sicherheit nicht. Ich hatte wohl auch einfach ein bißchen früh angefangen, um da noch wieder rauszukommen.

22. krankhafte Verhärtung.
23. Drogenberatungsstelle.

Ich war ganz klar. Ich zog ganz nüchtern Bilanz und trank dabei meine Cola. Ich dachte ganz praktisch. Wo sollte ich in dieser Nacht hin? Meine Mutter hätte mir die Tür vor der Nase zugeschlagen. Oder sie hätte am nächsten Morgen die Polizei alarmiert und mich in ein Heim einweisen lassen. Das hätte ich jedenfalls an ihrer Stelle gemacht. Mein Vater war in Thailand. Stella ging sowieso nicht. Von Detlef wußte ich nicht mal, bei welchem Freier er in dieser Nacht pennte. Oder es war ihm tatsächlich ernst mit dem Entzug, dann war er bei seinem Vater. Dann war er ab morgen sowieso weg. Ich hatte also nicht mal ein Bett. Diese Nacht nicht und die nächste auch nicht.
Beim letzten Mal, als ich nüchtern nachgedacht hatte, war ich auf die zwei Möglichkeiten gekommen, die es damals für mich gab: Entweder endgültig aufhören mit dem H oder Goldener Schuß[24]. Die erste Möglichkeit war nun leider weg. Fünf oder sechs Entzüge ohne den geringsten Erfolg waren schließlich auch genug. Ich war weder besser noch schlechter als die anderen Fixer. Warum sollte gerade ich zu den paar Prozent gehören, die wieder von der Droge wegkommen. Ich war nichts Besonderes.

Christiane unternimmt einen Selbstmordversuch auf einer öffentlichen Toilette und wacht mit Lähmungserscheinungen wieder auf. Als sie einige Zeit später von der Polizei aufgegriffen wird, läßt sie sich, verzweifelt und apathisch, von der Mutter bei Verwandten in Schleswig-Holstein unterbringen.

1. Was macht es für Christiane attraktiv, zu der Clique zu gehören, in der sie ihre erste Bekanntschaft mit Drogen macht?
2. Kannst du die Motive benennen, die Christiane dazu bestimmen, zu immer härteren Drogen überzugehen?
3. »Christiane hat früh lernen müssen, daß Liebe und Anerkennung nur mit der Verleugnung der eigenen Bedürf-

24. tödliche Dosis Heroin.

nisse, Regungen und Gefühle ... zu erkaufen ist, also um den Preis der Selbstaufgabe. Das ganze Bestreben geht nun dahin, diese Selbstaufgabe zu erreichen ... Die Hauptsache ist ..., daß man alles selber regulieren, kontrollieren, manipulieren kann. Wie die Eltern früher mit Hilfe des Schlagens die Gefühle des Kindes nach ihren Bedürfnissen erfolgreich unter Kontrolle bekamen, so versucht jetzt das 12jährige Mädchen, ihre Stimmungen mit Hilfe der Drogen zu manipulieren« (Alice Miller). Findest du diese Erklärung des Verhaltens von Christiane im Text bestätigt?

4. Reimar Lenz: Was ist Sucht?

Reimar Lenz (geb. 1931) ist Schriftsteller und Journalist. Er schreibt Lyrik, Essays, Hörspiele und zeitkritische Beiträge.

Wie komplex die Bedingungen für das Entstehen von Sucht im medizinischen Sinne sind, möge ein Beispiel zeigen. Das britische Institut für Gesundheitsfragen hat einen Zusammenhang zwischen Drogenkonsum bei Kindern und ihrer Wohnweise festgestellt. Eine der zu verfolgenden Ursachenketten: In ungenügend schallisolierten Wohnungen (Neubauwohnungen) können die Kinder nicht einschlafen. Schlaf- und Beruhigungsmittel, von den Eltern verabreicht, stiften zunächst einmal Frieden. Der erste Faktor zur Gewöhnung ist gesetzt.
Zusammenhänge zwischen der Werktätigkeit von Müttern und dem Drogenkonsum ihrer Kinder sind zu vermuten. Verlassene Kinder suchen Ersatzbefriedigung.
Zur Sucht gehört nicht nur das Suchtmittel, sondern auch der Suchtgefährdete. Nach Prof. Burchard, Hamburg, stammten von 110 gesundheitlich geschädigten Dauerkonsumenten illegaler Rauschmittel 82 Prozent aus schwer gestörten Familienverhältnissen (16,5 Prozent unehelich geboren, 35 Prozent Scheidung der Eltern, 46 Prozent Stiefvater oder

-mutter, 20 Prozent Tod eines Elternteils, 2 Prozent Tod beider Eltern).
Der Rintelner Psychiater Dogs fand, als er die Krankengeschichten von mehr als 1000 Dauerkonsumenten der Schlaf- und Beruhigungsmittel durchforschte: In 85 Prozent der Fälle hatten seelische Konflikte, »vor allem Mangel an Kontakt, Zärtlichkeit oder Liebe«, zur Pillen-Sucht geführt.
Der Hamburger Journalist Rolv Heuer hat es einmal ganz schlagend formuliert: Die Sucht kommt vom Entzug! Was gefehlt hat und fehlt, an Lebensfülle und Glück, soll, mit ungeeigneten Mitteln, hereingeholt werden.
Es gibt Freßlust aus Liebeskummer, und wir können froh sein, wenn nicht Tabletten gefressen werden, fuderweise. Das Problem, das am Grunde aller Sucht steht, ist der Lebenshunger – aus Mangel geboren. Die manifeste Drogensucht ist nur die Spitze eines Eisbergs aus Süchten – Auswuchs der Kälte.
Ein suchtartiges Verhältnis kann auch zur Politik, zur Arbeit, zur Sexualität, zu den Sensationen der Massenmedien bestehen. Der Bauer-Verlag nennt bezeichnenderweise in einer internen Broschüre die Erzeugnisse seines Hauses »Antispasmatika mit sedativer Wirkung«, also krampflösende Mittel mit beruhigendem Effekt. Sucht ist – mehr psychische oder mehr physische – Abhängigkeit von einem Mittel der Ersatzbefriedigung, das eben keinen Frieden schafft. Und in diesem Zusammenhang seien einige theoretische Bemerkungen über die Struktur von Süchtigkeit erlaubt.
Sucht ist eine allgemeine psychische Kategorie von großer sozialer Mächtigkeit. Sucht ist Permanenz der Suche, bei ausbleibender Befriedigung, womit Sucht und Suche nur gesteigert werden.
Sucht ist das falsch verstandene Prinzip Hoffnung, ein ständiger Anspruch an die Zukunft, der so, wie er gestellt wird, nicht sinnvoll eingelöst werden kann. Jetzt ist kein Leben, sagt sich halbbewußt der latent Süchtige, jetzt nicht, aber nachher, morgen, nächste Woche. In Zukunft wird Leben

sein, wenn die vage Unzufriedenheit, der Durst, gelöscht sein wird: nach dem nächsten Bier, nach der nächsten Zigarette, nach der nächsten Fernsehsendung, nach der nächsten Sensation.
»Lustprinzip« und »Realitätsprinzip« stehen sich, nach Freud, zunächst ganz unvermittelt gegenüber – das Ich muß zwischen beiden vermitteln. Aber wieviel Lust, Spontaneität, Phantasie und Glück die »Realität« erlaubt, hängt weitgehend von den gesellschaftlichen Bedingungen ab.
Erzwingt eine Gesellschaft mehr Versagungen, als sozial notwendig ist, so entsteht Suchtbereitschaft als generelles soziales Phänomen. [...]
Es gibt politisch therapierbare Übel wie Vorurteil und Unterdrückung und nicht therapierbare wie Alter und Tod.
Weil wir uns weder mit unserer gesellschaftlichen Situation noch mit der condition humaine[25] abfinden können, sind wir sehn-süchtig.
Wir sind nicht bei uns selbst, sondern bei unseren Hoffnungen, Erwartungen, Ansprüchen. Und viele dieser Erwartungen sind außengeleitet, konsumorientiert, irreführend. – Jeder will haben, kaum einer will sein.
Macht euch die Erde untertan, hieß es, sehr zu Anfang der abendländischen Entwicklung. Heute haben wir ein eminentes Verfügungswissen, aber wenig Subjektwissen. Viele Wünsche, manche Erfüllungsmöglichkeiten, aber keine Weisheit in bezug auf das Wünschbare und Erfüllbare.
Die Drogen als Mittel chemischer Selbststeuerung des Bewußtseins ermöglichen ungeahnte Entwicklungen, vielleicht sogar Glück. Aber wir verstehen nicht, uns der neuen Mittel zu bedienen, sondern greifen zu ihnen aus Not und Sehn-Sucht und verstricken uns immer tiefer in den Teufelskreis der Sucht.
Glück und Glas, wie leicht bricht das. Die Biergläser fliegen.

25. menschliche Verfassung.

Alkohol: Nur 5 Prozent der Erwachsenen in der Bundesrepublik leben in bezug auf Alkohol abstinent. Über 60 Prozent trinken ihn entweder täglich oder regelmäßig ein- bis zweimal in der Woche.
Über 600 000 statistisch erfaßte Trunksüchtige leben in der Bundesrepublik (darunter 70 000 Jugendliche), die Einwohnerschaft einer modernen Großstadt. Anderthalb bis zwei Millionen Menschen sind direkt oder indirekt von den Auswirkungen des Alkoholismus betroffen.
Ein Viertel der Verkehrsunfälle bei uns geht auf Alkohol am Steuer zurück, während in den USA Trunkenheit am Steuer jedes Jahr mehr als 15 000 Todesopfer und 200 000 Verletzte fordert.
In den USA leben 6 Millionen Alkoholiker. [...]
Nikotin: In der Bundesrepublik werden im Jahr rund 30 Milliarden DM für Nikotin und Alkohol ausgegeben.
Im Jahr 1966 hat die Zahl der in Deutschland gerauchten Zigaretten erstmals die 100-Milliarden-Grenze überschritten. 100 Milliarden Zigaretten, das sind 9 Milliarden DM Umsatz und 4,69 Milliarden DM Zigarettensteuer. Der Duft der großen, weiten Welt.
Alle 105 Sekunden stirbt ein US-Bürger den Rauchertod. Derzeit sind 11 Millionen Amerikaner chronisch krank, die ohne Zigaretten noch gesund wären. In jedem Jahr sterben 300 000 US-Bürger, die ohne Zigaretten am Leben geblieben wären.
»Halt, mein Freund, warum denn gleich in die Luft gehen. Greife lieber zur HB. Dann geht alles wie von selbst.« Von 100 000 Einwohnern der Bundesrepublik starben 1952 durchschnittlich 31,6 Männer an bösartigen Geschwülsten der Atmungsorgane, 1965 schon 55. Steigender Zigarettenkonsum ist einer der Faktoren, die dazu beitragen. 1965 wurden in der Bundesrepublik in jeder Stunde für 1 Million DM Tabakwaren verbraucht.
Jährlich sterben in der Bundesrepublik etwa 25 000 Menschen an Lungenkrebs, woran das Zigarettenrauchen nicht unschuldig ist.

»Freude am Echten, am Ursprünglichen, am zeitlos Schönen. Dazu die Freude an MILDE SORTE, der zeitgemäß-leichten Zigarette mit dem würzigen Tabakaroma.« 1960 ergab sich für über 15jährige in der Bundesrepublik ein durchschnittlicher Pro-Kopf-Verbrauch von 1640 Stück im Jahr.

Zigaretten werden geraucht, um das Wohlbefinden zu steigern, und Rauchen bewirkt eine kurzfristige Aufmunterung und Entspannung. Ein Suchtfaktor dabei ist nicht zu verkennen.

Der massenhafte, suchtartige, werbetechnisch stimulierte Nikotinkonsum stellt ein eminentes gesundheitspolitisches Problem dar. Die Daten, die wir über Tabletten-, Alkohol- und Nikotinmißbrauch beibrachten, lassen ahnen, daß Drogenmißbrauch nicht isoliert dasteht, sondern zusammen mit anderen Symptomen wie Neurosen, Impotenzen, Zivilisationskrankheiten einer Zivilisationskrise entspringt, wobei handfeste kommerzielle Interessen und ökonomische Ursachen nicht zu übersehen sind. Kulturbetrieb statt Kultur, Bewußtseins-Industrie statt Bewußtsein, Lobbyismus[26] statt Politik, Sexwelle statt erotischer Kultur – der Krisenzeichen sind mehrere.

1. »Ein suchtartiges Verhältnis kann auch zur Politik, zur Arbeit, zur Sexualität, zu den Sensationen der Massenmedien bestehen.« Kennst du Leute, auf die eine dieser Beschreibungen zutrifft? Weshalb würdest du bei Ihnen von »Sucht« sprechen?
2. Lenz charakterisiert die Sucht als eine Art »Ersatzbefriedigung«. Was unterscheidet die Ersatzbefriedigung von der eigentlichen Befriedigung?
3. Wenn die Diagnose von Lenz richtig ist, wie müßte dann eine Gesellschaft aussehen, in der es keine oder weniger Suchtbereitschaft gäbe? (Berücksichtige dabei, daß nach Lenz die Suchtbereitschaft von Erwartungen und Ansprüchen als auch von deren Enttäuschung abhängt.)

26. Beeinflussung der Abgeordneten durch Interessengruppen.

5. Johann Peter Hebel: Seltsamer Spazierritt

Die volkstümlichen Kalendergeschichten des aus Baden stammenden Dichters Johann Peter Hebel (1760–1826) kann man als Vorläufer der modernen Kurzgeschichten betrachten. Gesammelt erschienen sie zum ersten Mal 1811 im »Schatzkästlein des rheinischen Hausfreundes«.

Ein Mann reitet auf seinem Esel nach Haus und läßt seinen Buben zu Fuß nebenherlaufen. Kommt ein Wanderer und sagt: »Das ist nicht recht, Vater, daß Ihr reitet und laßt Euern Sohn laufen; Ihr habt stärkere Glieder.« Da stieg der Vater vom Esel herab und ließ den Sohn reiten. Kommt wieder ein Wandersmann und sagt: »Das ist nicht recht, Bursche, daß du reitest und lässest deinen Vater zu Fuß gehen. Du hast jüngere Beine.« Da saßen beide auf und ritten eine Strecke. Kommt ein dritter Wandersmann und sagt: »Was ist das für ein Unverstand: Zwei Kerle auf *einem* schwachen Tiere; sollte man nicht einen Stock nehmen und euch beide hinabjagen?« Da stiegen beide ab und gingen selbdritt zu Fuß, rechts und links der Vater und Sohn, und in der Mitte der Esel. Kommt ein vierter Wandersmann und sagt: »Ihr seid drei kuriose Gesellen. Ist's nicht genug, wenn zwei zu Fuß gehen? Geht's nicht leichter, wenn *einer* von euch reitet?« Da band der Vater dem Esel die vordern Beine zusammen, und der Sohn band ihm die hintern Beine zusammen, zogen einen starken Baumpfahl durch, der an der Straße stand, und trugen den Esel auf der Achsel heim.

1. Es gibt ein Sprichwort »Allen Menschen recht getan, ist eine Kunst, die niemand kann«. Kennst du Menschen, die darunter leiden, daß sie es nicht allen Menschen recht machen können? Weshalb ist es für sie so schlimm, es nicht allen recht machen zu können?
2. Wie würdest du dich verhalten, wenn du der Mann in Hebels Geschichte wärst? Wie möchtest du, daß du dich in ähnlichen Situationen verhältst?
3. Viele meinen, sie könnten am ehesten glücklich – oder

zumindest nicht unglücklich – werden, wenn sie sich »anpassen«. Welche Vorteile hat es deiner Meinung nach, sich anzupassen? Welche Nachteile bringt es mit sich?

4. Die Werbung versucht, das Verhalten des Konsumenten gezielt zu beeinflussen. An welche Bedürfnisse appelliert sie?

6. Arthur Schopenhauer: Die Stachelschweine

Arthur Schopenhauer (s. S. 72) hat neben philosophischen Schriften auch einige Gedichte und Parabeln verfaßt, u. a. die bekannte Parabel von den Stachelschweinen.

Eine Gesellschaft Stachelschweine drängte sich an einem kalten Wintertag recht nahe zusammen, um, durch die gegenseitige Wärme, sich vor dem Erfrieren zu schützen. Jedoch bald empfanden sie die gegenseitigen Stacheln; welches sie dann wieder voneinander entfernte. Wann nun das Bedürfnis der Erwärmung sie wieder näher zusammen brachte, wiederholte sich jenes zweite Übel, so daß sie zwischen beiden Leiden hin- und hergeworfen wurden, bis sie eine mäßige Entfernung voneinander herausgefunden hatten, in der sie es am besten aushalten konnten. –
So treibt das Bedürfnis der Gesellschaft, aus der Leere und Monotonie des eigenen Innern entsprungen, die Menschen zueinander; aber ihre vielen widerwärtigen Eigenschaften und unerträglichen Fehler stoßen sie wieder voneinander ab. Die mittlere Entfernung, die sie endlich herausfinden, und bei welcher ein Beisammensein bestehen kann, ist die Höflichkeit und feine Sitte. Dem, der sich nicht in dieser Entfernung hält, ruft man in England zu: keep your distance! – Vermöge derselben wird zwar das Bedürfnis gegenseitiger Erwärmung nur unvollkommen befriedigt, dafür aber der Stich der Stacheln nicht empfunden. – Wer jedoch viel eigene, innere Wärme hat, bleibt lieber aus der Gesellschaft weg, um keine Beschwerde zu geben noch zu empfangen.

1. Stachelschweine können ihre eigenen Stacheln nicht sehen. Viele glauben, daß nur die anderen, nicht sie selber Stacheln haben. Hast du selber Stacheln?
2. Nicht alle Stachelschweine verhalten sich gleich. Wie würdest du diejenigen nennen, die
   – sich gar nicht erst zusammendrängen, um sich zu wärmen,
   – lieber erfrieren, als sich auch nur einmal stechen zu lassen,
   – gleich nach dem ersten Gestochenwerden auf Distanz gehen,
   – bis an ihr Lebensende »zwischen beiden Leiden hin- und hergeworfen werden«,
   – nicht merken, wenn sie gestochen werden (und vielleicht auch nicht merken, wenn sie selber stechen), also ein »dickes Fell« haben?
3. Mit welchen Worten, Gesten, Verhaltensweisen sagst du jemand, daß er dir zu nahe kommt? Mit welchen Worten, Gesten, Verhaltensweisen sagst du jemand, daß er dir näher kommen soll?
4. Auf welche Charakterzüge ihres Verfassers läßt die Fabel von den Stachelschweinen schließen?

7. Häuptling Tuiavii aus Tiavea: Der Papalagi hat keine Zeit

Tuiavii war der oberste Häuptling des Dorfs Tiavea auf der kleinen polynesischen Insel Upolu, die zur Samoagruppe gehört. Anfang dieses Jahrhunderts bereiste er die Staaten Europas und lernte die Lebensweisen des Papalagi, d. h. des Weißen kennen. Die »Reden«, denen der folgende Text entnommen ist, sind ihm von Erich Scheurmann (der sich als bloßer Übersetzer und Herausgeber ausgibt) in den Mund gelegt worden.

Der Papalagi liebt das runde Metall und das schwere Papier, er liebt es, viel Flüssigkeiten von getöteter Frucht und Fleisch von Schwein und Rind und anderen schrecklichen Tieren in seinen Bauch zu tun, er liebt vor allem aber auch das, was sich nicht greifen läßt und das doch da ist – die Zeit. Er macht viel Wesens und alberne Rederei darum. Obwohl nie mehr davon vorhanden ist, als zwischen Sonnenaufgang und -untergang hineingeht, ist es ihm doch nie genug.
Der Papalagi ist immer unzufrieden mit seiner Zeit, und er klagt den Großen Geist dafür an, daß er nicht mehr gegeben hat. Ja, er lästert Gott und seine große Weisheit, indem er jeden neuen Tag nach einem ganz gewissen Plane teilt und zerteilt. Er zerschneidet ihn geradeso, als führe man kreuzweise mit einem Buschmesser durch eine weiche Kokosnuß. Alle Teile haben ihren Namen: Sekunde, Minute, Stunde. Die Sekunde ist kleiner als die Minute, diese kleiner als die Stunde, alle zusammen machen die Stunden, und man muß sechzig Minuten und noch viel mehr Sekunden haben, ehe man soviel hat wie eine Stunde.
Das ist eine verschlungene Sache, die ich nie ganz verstanden habe, weil es mich übel anmacht, länger als nötig über solcherlei kindische Sachen nachzusinnen. Doch der Papalagi macht ein großes Wissen daraus. Die Männer, die Frauen und selbst Kinder, die kaum auf den Beinen stehen können, tragen im Lendentuch, an dicke metallene Ketten gebunden und über den Nacken hangend oder mit Lederstreifen ums Handgelenk geschnürt, eine kleine, platte, runde Maschine, von der sie die Zeit ablesen können. Dieses Ablesen ist nicht leicht. Man übt es mit den Kindern, indem man ihnen die Maschine ans Ohr hält, um ihnen Lust zu machen.
Solche Maschine, die sich leicht auf zwei flachen Fingern tragen läßt, sieht in ihrem Bauche aus wie die Maschinen im Bauche der großen Schiffe, die ihr ja alle kennt. Es gibt aber auch große und schwere Zeitmaschinen, die stehen im Innern der Hütten oder hängen auf den höchsten Hausgiebeln, damit sie weithin gesehen werden können. Wenn nun

ein Teil der Zeit herum ist, zeigen kleine Finger auf der Außenseite der Maschine dies an, zugleich schreit sie auf, ein Geist schlägt gegen das Eisen in ihrem Herzen. Ja, es entsteht ein gewaltiges Tosen und Lärmen in einer europäischen Stadt, wenn ein Teil der Zeit herum ist.
Wenn dieses Zeitlärmen ertönt, klagt der Papalagi: »Es ist eine schwere Last, daß wieder eine Stunde herum ist.« Er macht zumeist ein trauriges Gesicht dabei, wie ein Mensch, der ein großes Leid zu tragen hat; obwohl gleich eine ganz frische Stunde herbeikommt.
Ich habe dies nie begriffen, als daß ich eben denke, daß dies eine schwere Krankheit ist. »Die Zeit meidet mich!« – »Die Zeit läuft wie ein Roß!« – »Gib mir doch etwas Zeit!« – Das sind die Klagerufe des weißen Mannes.
Ich sage, dies möchte eine Art Krankheit sein; denn angenommen, der Weiße hat Lust, irgend etwas zu tun, sein Herz verlangt danach, er möchte vielleicht in die Sonne gehen oder auf dem Flusse im Canoe fahren oder sein Mädchen lieb haben, so verdirbt er sich zumeist seine Lust, indem er an dem Gedanken haftet: Mir ward keine Zeit, fröhlich zu sein. Die Zeit wäre da, doch er sieht sie beim besten Willen nicht. Er nennt tausend Dinge, die ihm die Zeit nehmen, hockt sich mürrisch und klagend über eine Arbeit, zu der er keine Lust, an der er keine Freude hat, zu der ihn auch niemand zwingt als er sich selbst. Sieht er dann aber plötzlich, daß er Zeit hat, daß sie doch da ist, oder gibt ihm ein anderer Zeit – die Papalagi geben sich vielfach gegenseitig Zeit, ja nichts wird so hoch geschätzt als dieses Tun –, so fehlt ihm wieder die Lust, oder er ist müde von der Arbeit ohne Freude. Und regelmäßig will er morgen tun, wozu er heute Zeit hat.
Es gibt Papalagi, die behaupten, sie hätten nie Zeit. Sie laufen kopflos umher, wie vom Aitu[27] Besessene, und wohin sie kommen, machen sie Unheil und Schrecken, weil sie ihre Zeit verloren haben. Diese Besessenheit ist ein

27. Teufel.

schrecklicher Zustand, eine Krankheit, die kein Medizinmann heilen kann, die viele Menschen ansteckt und ins Elend bringt.
Weil jeder Papalagi besessen ist von der Angst um seine Zeit, weiß er auch ganz genau, und nicht nur jeder Mann, sondern auch jede Frau und jedes kleine Kind, wie viele Mond- und Sonnenaufgänge verronnen sind, seit er selber zum ersten Male das große Licht erblickte. Ja, dieses spielt eine so ernste Rolle, daß es in gewissen, gleichen Zeitabständen gefeiert wird mit Blumen und großen Essensgelagen. Wie oft habe ich verspürt, wie man sich für mich zu schämen müssen glaubte, wenn man mich fragte, wie alt ich sei, und wenn ich lachte und dies nicht wußte. »Du mußt doch wissen, wie alt du bist.« Ich schwieg und dachte: Es ist besser, ich weiß es nicht.
Wie alt sein, heißt, wie viele Monde gelebt haben. Dieses Zählen und Nachforschen ist voller Gefahr, denn dabei ist erkannt worden, wie viele Monde der meisten Menschen Leben dauert. Ein jeder paßt nun ganz genau auf, und wenn recht viele Monde herum sind, sagt er: »Nun muß ich bald sterben.« Er hat keine Freude mehr und stirbt auch wirklich bald.
Es gibt in Europa nur wenige Menschen, die wirklich Zeit haben. Vielleicht gar keine. Daher rennen auch die meisten durchs Leben wie ein geworfener Stein. Fast alle sehen im Gehen zu Boden und schleudern die Arme weit von sich, um möglichst schnell voranzukommen. Wenn man sie anhält, rufen sie unwillig: »Was mußt du mich stören; ich habe keine Zeit, siehe zu, daß du deine ausnützt.« Sie tun geradeso, als ob ein Mensch, der schnell geht, mehr wert sei und tapferer als der, welcher langsam geht.
Ich habe einen Mann gesehen, dessen Kopf auseinanderbarst, der die Augen rollte und das Maul sperrte wie ein sterbender Fisch, der rot und grün wurde und mit Händen und Füßen um sich schlug, weil sein Diener einen Atemzug später kam, als er zu kommen versprochen hatte. Der Atemzug war für ihn ein großer Verlust, der nie zu sühnen

war. Der Diener mußte seine Hütte verlassen, der Papalagi verjagte und schalt ihn: »Genug hast du mir Zeit gestohlen. Ein Mensch, der die Zeit nicht achtet, ist ihrer nicht wert.«

Nur ein einziges Mal traf ich einen Menschen, der viel Zeit hatte, der nie ihrer klagte; aber der war arm und schmutzig und verworfen. Die Menschen gingen im weiten Bogen um ihn herum, und keiner achtete seiner. Ich begriff solches Tun nicht, denn sein Gehen war ohne Hast und seine Augen hatten ein stilles, freundliches Lächeln. Als ich ihn fragte, verzerrte sich sein Gesicht, und er sagte traurig: »Ich wußte nie, meine Zeit zu nützen, daher bin ich ein armer, mißachteter Tropf.« Dieser Mensch hatte Zeit, doch auch er war nicht glücklich.

Der Papalagi wendet seine ganze Kraft auf und gibt alle seine Gedanken daran, wie er die Zeit möglichst dick machen könne. Er nutzt das Wasser und Feuer, den Sturm, die Blitze des Himmels, um die Zeit aufzuhalten. Er tut eiserne Räder unter seine Füße und gibt seinen Worten Flügel, um mehr Zeit zu haben. – Und wozu alle diese große Mühe? Was macht der Papalagi mit seiner Zeit? – Ich bin nie recht dahintergekommen, obwohl er immer Worte und Gebärden macht, als ob der Große Geist ihn zum Fono[28] geladen hätte.

Ich glaube, die Zeit entschlüpft ihm wie eine Schlange in nasser Hand, gerade weil er sie zu sehr festhält. Er läßt sie nicht zu sich kommen. Er jagt immer mit ausgestreckten Händen hinter ihr her, er gönnt ihr die Ruhe nicht, sich in der Sonne zu lagern. Sie soll immer ganz nahe sein, soll etwas singen und sagen. Die Zeit ist aber still und friedfertig und liebt die Ruhe und das breite Lagern auf der Matte. Der Papalagi hat die Zeit nicht erkannt, er versteht sie nicht, und darum mißhandelt er sie mit seinen rohen Sitten.

O ihr lieben Brüder! Wir haben nie geklagt über die Zeit, wir haben sie geliebt, wie sie kam, sind ihr nie nachgerannt,

28. Zusammenkunft, Beratung.

haben sie nie zusammen- noch auseinanderlegen wollen. Nie ward sie uns zur Not oder zum Verdruß. Der unter uns trete vor, der da keine Zeit hat! Ein jeder von uns hat Zeit die Menge; aber wir sind auch mit ihr zufrieden, wir brauchen nicht mehr Zeit, als wir haben und haben doch Zeit genug. Wir wissen, daß wir immer noch früh genug zu unserem Ziele kommen und daß uns der Große Geist nach seinem Willen abberuft, auch wenn wir die Zahl unserer Monde nicht wissen. Wir müssen den armen, verirrten Papalagi vom Wahn befreien, müssen ihm seine Zeit wiedergeben. Wir müssen ihm seine kleine runde Zeitmaschine zerschlagen und ihm verkünden, daß von Sonnenaufgang bis -untergang viel mehr Zeit da ist, als ein Mensch gebrauchen kann.

1. Tuiavii meint, daß die Besessenheit, keine Zeit zu haben, »viele Menschen ansteckt und ins Elend bringt«. Übertreibt er hier maßlos oder trifft er damit deiner Meinung nach etwas Richtiges?
2. Viele, die sich darüber beklagen, zuwenig Zeit zu haben, geben anderen (der Firma, dem Chef, der Familie, der Gesellschaft) die Schuld daran. Wem würde Tuiavii die Schuld geben? Wer hat recht?
3. Kennst du jemanden, der fast nie Zeit hat? Warum hat er keine Zeit? Kennst du jemanden, der zuviel Zeit hat? Warum hat er zuviel Zeit?
4. »Müßiggang ist aller Laster Anfang.« Würde Tuiavii dieser Redensart zustimmen? Stimmst du ihr zu?

8. Antoine de Saint-Exupéry: Der Kleine Prinz

Der kleine Prinz in dem gleichnamigen Märchen von Antoine de Saint-Exupéry (s. S. 9) bewohnt allein einen kleinen Planeten, der außer ihm noch einige Tiere und Blumen, außerdem zwei tätige und einen erloschenen Vulkan beheimatet. Eines Tages macht sich der kleine Prinz auf die Reise. Er will die anderen Planeten kennenlernen.

Er befand sich in der Region der Asteroiden[29] 325, 326, 327, 328, 329 und 330. Er begann also, sie zu besuchen, um sich zu beschäftigen und um sich zu bilden.
Auf dem ersten wohnte ein König.
Der König thronte in Purpur und Hermelin auf einem sehr einfachen und dabei sehr königlichen Thron.
»Ah! Sieh da, ein Untertan«, rief der König, als er den kleinen Prinzen sah.
Und der kleine Prinz fragte sich: Wie kann er mich kennen, da er mich noch nie gesehen hat!
Er wußte nicht, daß für die Könige die Welt etwas höchst Einfaches ist: Alle Menschen sind Untertanen.
»Komm näher, daß ich dich besser sehe«, sagte der König und war ganz stolz, daß er endlich für jemanden König war.
Der kleine Prinz schaute sich nach einer Sitzgelegenheit um, aber der ganze Planet war bedeckt von dem herrlichen Hermelinmantel.
Er blieb also stehen, und da er müde war, gähnte er.
»Es verstößt gegen die Etikette, in Gegenwart eines Königs zu gähnen«, sagte der Monarch. »Ich verbiete es dir.«
»Ich kann es nicht unterdrücken«, antwortete der kleine Prinz ganz verwirrt. »Ich habe eine weite Reise gemacht und habe nicht geschlafen . . .«
»Dann«, sagte der König, »befehle ich dir, zu gähnen. Ich habe seit Jahren niemanden gähnen sehen, das Gähnen ist für mich eine Seltenheit. Los! gähne noch einmal! Es ist ein Befehl.«
»Das ängstigt mich, ich kann nicht mehr . . .«, stammelte der kleine Prinz und errötete.
»Hm, hm!« antwortete der König. »Also dann . . . befehle ich dir, bald zu gähnen und bald . . .«
Er murmelte ein bißchen und schien verärgert.
Denn der König hielt in hohem Maße darauf, daß man seine Autorität respektiere. Er duldete keinen Ungehorsam. Er

29. kleine Planeten.

war ein absoluter Monarch. Aber da er sehr gütig war, gab er vernünftige Befehle.
»Wenn ich geböte«, pflegte er zu sagen, »wenn ich einem General geböte, sich in einen Seevogel zu verwandeln, und wenn dieser General nicht gehorchte, es wäre nicht die Schuld des Generals. Es wäre meine Schuld.«
»Darf ich mich setzen?« fragte schüchtern der kleine Prinz.
»Ich befehle dir, dich zu setzen«, antwortete der König und zog einen Zipfel seines Hermelinmantels majestätisch an sich heran.
Aber der kleine Prinz staunte. Der Planet war winzig klein. Worüber konnte der König wohl herrschen?
»Herr«, sagte er zu ihm ... »ich bitte, verzeiht mir, daß ich Euch frage ...«
»Ich befehle dir, mich zu fragen«, beeilte sich der König zu sagen.
»Herr ... worüber herrscht Ihr?«
»Über alles«, antwortete der König mit großer Einfachheit.
»Über alles?«
Der König wies mit einer bedeutsamen Gebärde auf seinen Planeten, auf die andern Planeten und auf die Sterne.
»Über all das?« sagte der kleine Prinz.
»Über all das ...«, antwortete der König.
Denn er war nicht nur ein absoluter Monarch, sondern ein universeller.
»Und die Sterne gehorchen Euch?«
»Gewiß«, sagte der König. »Sie gehorchen aufs Wort. Ich dulde keinen Ungehorsam.«
Solche Macht verwunderte den kleinen Prinzen sehr. Wenn er sie selbst gehabt hätte, wäre es ihm möglich gewesen, nicht dreiundvierzig, sondern zweiundsiebzig oder sogar hundert oder selbst zweihundert Sonnenuntergängen an ein und demselben Tage beizuwohnen, ohne daß er seinen Sessel hätte rücken müssen. Und da er sich in der Erinnerung an seinen kleinen verlassenen Planeten ein bißchen

traurig fühlte, faßte er sich ein Herz und bat den König um eine Gnade:
»Ich möchte einen Sonnenuntergang sehen ... Machen Sie mir die Freude ... Befehlen Sie der Sonne, unterzugehen ...«
»Wenn ich einem General geböte, nach Art der Schmetterlinge von einer Blume zur andern zu fliegen oder eine Tragödie zu schreiben oder sich in einen Seevogel zu verwandeln, und wenn dieser General den erhaltenen Befehl nicht ausführte, wer wäre im Unrecht, er oder ich?«
»Sie wären es«, sagte der kleine Prinz überzeugt.
»Richtig. Man muß von jedem fordern, was er leisten kann«, antwortete der König. »Die Autorität beruht vor allem auf der Vernunft. Wenn du deinem Volke befiehlst, zu marschieren und sich ins Meer zu stürzen, wird es revoltieren. Ich habe das Recht, Gehorsam zu fordern, weil meine Befehle vernünftig sind.«
»Was ist also mit meinem Sonnenuntergang?« erinnerte der kleine Prinz, der niemals eine Frage vergaß, wenn er sie einmal gestellt hatte.
»Deinen Sonnenuntergang wirst du haben. Ich werde ihn befehlen. Aber in meiner Herrscherweisheit werde ich warten, bis die Bedingungen dafür günstig sind.«
»Wann wird das sein?« erkundigte sich der kleine Prinz.
»Hm, hm!« antwortete der König, der zunächst einen großen Kalender studierte, »hm, hm! das wird sein gegen ... gegen ... das wird heute abend gegen sieben Uhr vierzig sein! Und du wirst sehen, wie man mir gehorcht.«
Der kleine Prinz gähnte. Es tat ihm leid um den versäumten Sonnenuntergang. Er langweilte sich schon ein bißchen.
»Ich habe hier nichts mehr zu tun«, sagte er zum König. »Ich werde wieder abreisen!«
»Reise nicht ab«, antwortete der König, der so stolz war, einen Untertanen zu haben, »ich mache dich zum Minister!«
»Zu was für einem Minister?«
»Zum ... zum Justizminister!«

»Aber es ist niemand da, über den man richten könnte!«
»Das weiß man nicht«, sagte der König. »Ich habe die Runde um mein Königreich noch nicht gemacht. Ich bin sehr alt, ich habe keinen Platz für einen Wagen, und das Gehen macht mich müde.«
»Oh! Aber ich habe schon gesehen«, sagte der kleine Prinz, der sich bückte, um einen Blick auf die andere Seite des Planeten zu werfen, »es ist auch dort drüben niemand...«
»Du wirst also über dich selbst richten«, antwortete ihm der König. »Das ist das Schwerste. Es ist viel schwerer, sich selbst zu verurteilen als über andere zu richten. Wenn es dir gelingt, über dich selbst gut zu Gericht zu sitzen, dann bist du ein wirklicher Weiser.«
»Ich«, sagte der kleine Prinz, »ich kann über mich richten, wo immer ich bin. Dazu brauche ich nicht hier zu wohnen.«
»Hm, hm!« sagte der König, »ich glaube, daß es auf meinem Planeten irgendwo eine alte Ratte gibt. Ich höre sie in der Nacht. Du könntest Richter über diese alte Ratte sein. Du wirst sie von Zeit zu Zeit zum Tode verurteilen. So wird ihr Leben von deiner Rechtsprechung abhängen. Aber du wirst sie jedesmal begnadigen, um sie aufzusparen. Es gibt nur eine.«
»Ich liebe es nicht, zum Tode zu verurteilen«, antwortete der kleine Prinz, »und ich glaube wohl, daß ich jetzt gehe.«
»Nein«, sagte der König.
Aber der kleine Prinz, der seine Vorbereitungen bereits getroffen hatte, wollte dem alten Monarchen nicht weh tun:
»Wenn Eure Majestät Wert auf pünktlichen Gehorsam legen, könnten Sie mir einen vernünftigen Befehl erteilen. Sie könnten mir zum Beispiel befehlen, innerhalb einer Minute zu verschwinden. Es scheint mir, daß die Umstände günstig sind...«
Da der König nichts erwiderte, zögerte der kleine Prinz zuerst, dann brach er mit einem Seufzer auf.

»Ich mache dich zu meinem Gesandten«, beeilte sich der König ihm nachzurufen.
Er gab sich den Anschein großer Autorität.
Die großen Leute sind sehr sonderbar, sagte sich der kleine Prinz auf seiner Reise.
Der zweite Planet war von einem Eitlen bewohnt.
»Ah, ah, schau, schau, ein Bewunderer kommt zu Besuch!« rief der Eitle von weitem, sobald er des kleinen Prinzen ansichtig wurde.
Denn für die Eitlen sind die anderen Leute Bewunderer.
»Guten Tag«, sagte der kleine Prinz. »Sie haben einen spaßigen Hut auf.«
»Der ist zum Grüßen«, antwortete ihm der Eitle. »Er ist zum Grüßen, wenn man mir zujauchzt. Unglücklicherweise kommt hier niemand vorbei.«
»Ach ja?« sagte der kleine Prinz, der nichts davon begriff.
»Schlag deine Hände zusammen«, empfahl ihm der Eitle.
Der kleine Prinz schlug seine Hände gegeneinander. Der Eitle grüßte bescheiden, indem er seinen Hut lüftete.
Das ist unterhaltender als der Besuch beim König, sagte sich der kleine Prinz.
Und er begann von neuem die Hände zusammenzuschlagen.
Der Eitle wieder fuhr fort, seinen Hut grüßend zu lüften.
Nach fünf Minuten wurde der kleine Prinz der Eintönigkeit dieses Spieles überdrüssig:
»Und was muß man tun«, fragte er, »damit der Hut herunterfällt?«
Aber der Eitle hörte ihn nicht. Die Eitlen hören immer nur die Lobreden.
»Bewunderst du mich wirklich sehr?« fragte er den kleinen Prinzen.
»Was heißt bewundern?«
»Bewundern heißt erkennen, daß ich der schönste, der bestangezogene, der reichste und der intelligenteste Mensch des Planeten bin.«
»Aber du bist doch allein auf deinem Planeten!«

»Mach mir die Freude, bewundere mich trotzdem!«
»Ich bewundere dich«, sagte der kleine Prinz, indem er ein bißchen die Schultern hob, »aber wozu nimmst du das wichtig?«
Und der kleine Prinz machte sich davon.
Die großen Leute sind entschieden sehr verwunderlich, stellte er auf seiner Reise fest.

1. Was eigentlich ist an dem König für den kleinen Prinzen »sonderbar«? Was haben der König und der Eitle gemeinsam, daß sie ihm »sonderbar« bzw. »verwunderlich« vorkommen?
2. Würdest du sagen, daß der König und der Eitle glücklich sind? Wenn nein, worin besteht ihr Unglück? Wenn sie sich selbst für glücklich halten, wie würdest du sie davon überzeugen, daß sie es nicht sind?
3. Wer hat es deiner Meinung nach leichter, glücklich zu werden, der, welcher stets nur an sich selbst denkt, oder der, welcher von sich absieht und sich anderen Menschen oder Dingen zuwendet? (Zur Begründung deiner Antwort könntest du dir noch einmal die Texte I,3, II,2 und 3 ansehen.)

V. Epilog

Matthias Claudius: Brief an seinen Sohn Johannes, 1799

Die Gedichte von Matthias Claudius (1740–1815), dem Dichter des Lieds »Der Mond ist aufgegangen« (der sich nach einer von ihm herausgegebenen Zeitung auch »der Wandsbecker Bote« nannte), zeichnen sich durch einen innigen, volkstümlich-schlichten Ton aus. Wie in seinen Gedichten äußert sich auch in seinen Prosaschriften eine tiefe gefühlsmäßige Frömmigkeit. Den folgenden Brief hat Matthias Claudius für seinen ältesten Sohn Johannes als »Geleitbrief« verfaßt, als dieser das Elternhaus verließ.

Gold und Silber habe ich nicht;
was ich aber habe, gebe ich Dir.

Lieber Johannes!

Die Zeit kommt allgemach heran, daß ich den Weg gehen muß, den man nicht wieder kömmt. Ich kann Dich nicht mitnehmen und lasse Dich in einer Welt zurück, wo guter Rat nicht überflüssig ist.
Niemand ist weise von Mutterleibe an; Zeit und Erfahrung lehren hier und fegen die Tenne.
Ich habe die Welt länger gesehen als Du.
Es ist nicht alles Gold, lieber Sohn, was glänzet, und ich habe manchen Stern vom Himmel fallen und manchen Stab, auf den man sich verließ, brechen sehen.
Darum will ich Dir einigen Rat geben und Dir sagen, was ich funden habe und was die Zeit mich gelehret hat.
Es ist nichts groß, was nicht gut ist, und ist nichts wahr, was nicht bestehet.
Der Mensch ist hier nicht zu Hause, und er geht hier nicht von ungefähr in dem schlechten Rock umher. Denn siehe nur, alle andre Dinge hier mit und neben ihm sind und gehen dahin, ohne es zu wissen; der Mensch ist sich bewußt und

wie eine hohe bleibende Wand, an der die Schatten vorübergehen. Alle Dinge mit und neben ihm gehen dahin, einer fremden Willkür und Macht unterworfen, er ist sich selbst anvertraut und trägt sein Leben in seiner Hand.
Und es ist nicht für ihn gleichgültig, ob er rechts oder links gehe.
Laß Dir nicht weismachen, daß er sich raten könne und selbst seinen Weg wisse.
Diese Welt ist für ihn zu wenig, und die unsichtbare siehet er nicht und kennet sie nicht.
Spare Dir denn vergebliche Mühe und tue Dir kein Leid und besinne Dich Dein.
Halte Dich zu gut, Böses zu tun.
Hänge Dein Herz an kein vergänglich Ding.
Die Wahrheit richtet sich nicht nach uns, lieber Sohn, sondern wir müssen uns nach ihr richten.
Was Du sehen kannst, das siehe und brauche Deine Augen, und über das Unsichtbare und Ewige halte Dich an Gottes Wort.
Bleibe der Religion Deiner Väter getreu und hasse die theologischen Kannengießer[1].
Scheue niemand so viel als Dich selbst. Inwendig in uns wohnet der Richter, der nicht trügt und an dessen Stimme uns mehr gelegen ist als an dem Beifall der ganzen Welt und der Weisheit der Griechen und Egypter. Nimm es Dir vor, Sohn, nicht wider seine Stimme zu tun, und was Du sinnest und vorhast, schlage zuvor an Deine Stirne und frage ihn um Rat. Er spricht anfangs nur leise und stammelt wie ein unschuldiges Kind; doch, wenn Du seine Unschuld ehrst, löset er gemach seine Zunge und wird Dir vernehmlicher sprechen.
Lerne gerne von andern, und wo von Weisheit, Menschenglück, Licht, Freiheit, Tugend etc. geredet wird, da höre fleißig zu. Doch traue nicht flugs und allerdings; denn die

1. häufiger: »Kannegießer«, politischer Schwätzer, Stammtischpolitiker; nach dem Lustspiel »Der politische Kannegießer« (1722) des dän. Dichters Holberg, in dem ein politisierender Zinngießer die Hauptrolle spielt.

Wolken haben nicht alle Wasser, und es gibt mancherlei Weise. Sie meinen auch, daß sie die Sache hätten, wenn sie davon reden können und davon reden. Das ist aber nicht, Sohn. Man hat darum die Sache nicht, daß man davon reden kann und davon redet. Worte sind nur Worte, und wo sie so gar leicht und behende dahinfahren, da sei auf Deiner Hut; denn die Pferde, die den Wagen mit Gütern hinter sich haben, gehen langsameren Schrittes.

Erwarte nichts vom Treiben und den Treibern, und wo Geräusch auf der Gassen ist, da gehe fürbaß[2].

Wenn Dich jemand will Weisheit lehren, da siehe in sein Angesicht. Dünket er sich noch, und sei er noch so gelehrt und noch so berühmt, laß ihn und gehe seiner Kundschaft müßig[3]. Was einer nicht hat, das kann er auch nicht geben. Und der ist nicht frei, der da will tun können, was er will, sondern der ist frei, der da wollen kann, was er tun soll. Und der ist nicht weise, der sich dünket, daß er wisse; sondern der ist weise, der seiner Unwissenheit innegeworden und durch die Sache des Dünkels genesen ist.

Was im Hirn ist, das ist im Hirn, und Existenz ist die erste aller Eigenschaften.

Wenn es Dir um Weisheit zu tun ist, so suche sie und nicht das Deine und brich Deinen Willen und erwarte geduldig die Folgen.

Denke oft an heilige Dinge und sei gewiß, daß es nicht ohne Vorteil für Dich abgehe und der Sauerteig den ganzen Teig durchsäuere.

Verachte keine Religion; denn sie ist dem Geiste gemeint[4], und Du weißt nicht, was unter unansehnlichen Bildern verborgen sein könne.

Es ist leicht zu verachten, Sohn, und verstehen ist viel besser.

Lehre nicht andre, bis Du selbst gelehrt bist.

Nimm Dich der Wahrheit an, wenn Du kannst, und laß

2. weiter.
3. werde nicht sein Kunde.
4. sie richtet sich an den Geist.

Dich gerne ihrentwegen hassen; doch wisse, daß Deine Sache nicht die Sache der Wahrheit ist, und hüte, daß sie nicht ineinander fließen, sonst hast Du Deinen Lohn dahin.
Tue das Gute vor Dich hin und bekümmre Dich nicht, was daraus werden wird.
Wolle nur einerlei, und das wolle von Herzen.
Sorge für Deinen Leib, doch nicht so, als wenn er Deine Seele wäre.
Gehorche der Obrigkeit, und laß die andern über sie streiten.
Sei rechtschaffen gegen jedermann; doch vertraue Dich schwerlich.
Mische Dich nicht in fremde Dinge; aber die Deinigen tue mit Fleiß.
Schmeichle niemand, und laß Dir nicht schmeicheln.
Ehre einen jeden nach seinem Stande, und laß ihn sich schämen, wenn er's nicht verdient.
Werde niemand nichts schuldig; doch sei zuvorkommend, als ob sie alle Deine Gläubiger wären.
Wolle nicht immer großmütig sein; aber gerecht sei immer.
Mache niemand graue Haare; doch wenn Du recht tust, hast Du um die Haare nicht zu sorgen.
Mißtraue der Gestikulation, und gebärde Dich schlecht und recht.
Hilf und gib gerne, wenn Du hast, und dünke Dir darum nicht mehr, und wenn Du nicht hast, so habe den Trunk kalten Wassers zur Hand, und dünke Dir darum nicht weniger.
Tue keinem Mädchen Leides, und denke, daß Deine Mutter auch ein Mädchen gewesen ist.
Sage nicht alles, was Du weißt; aber wisse immer, was Du sagst.
Hänge Dich an keinen Großen.
Sitze nicht, wo die Spötter sitzen; denn sie sind die elendesten unter allen Kreaturen.

Nicht die frömmelnden, aber die frommen Menschen achte, und gehe ihnen nach. Ein Mensch, der wahre Gottesfurcht im Herzen hat, ist wie die Sonne, die da scheinet und wärmt, wenn sie auch nicht redet.
Tue, was des Lohnes wert ist, und begehre keinen.
Wenn Du Not hast, so klage sie Dir und keinem andern.
Habe immer etwas Gutes im Sinn.

Wenn ich gestorben bin, so drücke mir die Augen zu und beweine mich nicht.
Stehe Deiner Mutter bei und ehre sie, solange sie lebt, und begrabe sie neben mir.
Und sinne täglich nach über Tod und Leben, ob Du es finden möchtest, und habe einen freudigen Mut, und gehe nicht aus der Welt, ohne Deine Liebe und Ehrfurcht für den Stifter des Christentums durch irgend etwas öffentlich bezeuget zu haben.

Dein treuer Vater.

Quellenverzeichnis

Wolfgang Borchert: Die Küchenuhr. Aus: W. B., Das Gesamtwerk. Hamburg: Rowohlt 1949. S. 201–204.

Bertolt Brecht: Die Ballade vom angenehmen Leben. Aus: B. B., Die Dreigroschenoper. In: B. B., Gesammelte Werke in 20 Bdn. Bd. 2. Frankfurt a. M.: Suhrkamp 1967. S. 447 f.

Bertolt Brecht: Die unwürdige Greisin. Aus: B. B., Gesammelte Werke in 20 Bdn. Bd. 11. Frankfurt a. M.: Suhrkamp 1967. S. 315–320.

Matthias Claudius: Brief an seinen Sohn Johannes, 1799. Aus: M. C., Sämtliche Werke. München: Winkler 1968. S. 545–548.

Erhard Eppler: Von der Quantität zur Qualität. Aus: E. E., Die Qualität des Lebens. In: E. E., Maßstäbe für eine humane Gesellschaft: Lebensstandard oder Lebensqualität? Stuttgart: Kohlhammer 1974. S. 18 f., 23, 27, 28.

Christiane F.: Stationen der Sucht*. Aus: Christiane F., Wir Kinder vom Bahnhof Zoo. Hrsg. von Kai Hermann u. Horst Rieck. Hamburg: Gruner + Jahr 1979. (Stern-Bücher.) S. 51, 60 f., 76, 79 f., 81 f., 84, 89, 92, 123 f., 294 f.

Erich Fromm: Liebe ist das Gegenteil von Besitzenwollen*. Aus: E. F., Haben oder Sein. Die seelischen Grundlagen einer neuen Gesellschaft. Stuttgart: Deutsche Verlags-Anstalt 1976. S. 112–115, 51–54. Der hier abgedruckte Text folgt der leicht revidierten Fassung der Taschenbuchausgabe: E. F., Haben oder Sein. Die seelischen Grundlagen einer neuen Gesellschaft. München: Deutscher Taschenbuch Verlag 1979. S. 110–113, 52–54.

Erich Fromm: Tätigsein und Geschäftigkeit*. Aus: E. F., Haben oder Sein. Die seelischen Grundlagen einer neuen Gesellschaft. München: Deutscher Taschenbuch Verlag 1979. S. 90–92.

Brüder Grimm: Das Märchen vom Fischer und seiner Frau. Aus: Richard Bamberger (Hrsg.), Brüder Grimm, Märchen. Mein zweites Buch. Wien u. München: Jugend und Volk. o. J. S. 207–219.

Häuptling Tuiavii aus Tiavea: Der Papalagi hat keine Zeit. Aus: Der Papalagi. Die Reden des Südseehäuptlings Tuiavii aus Tiavea. Zollikon-Zürich: Tanner + Staehelin 1979. S. 63–67. © Tanner + Staehelin Verlag, Zürich.

Johann Peter Hebel: Seltsamer Spazierritt. Aus: J. P. H., Schatzkästlein des rheinischen Hausfreundes. Stuttgart: Reclam 1981. (Reclams UB Nr. 142 [6].) S. 116 f.

Ronald Inglehart: Lebensqualität – eine Generationsfrage. Aus: R. I., Lebensqualität: eine Generationsfrage. In: Psychologie heute, September 1979. S. 24 f.

Karl Krolow: Ziemlich viel Glück. Aus: K. K., Gesammelte Gedichte. Frankfurt a. M.: Suhrkamp 1965. S. 137 f.

Reimar Lenz: Was ist Sucht?* Aus: R. L., Glück und Drogen. In: Hans-Jürgen Baden u. a., Das Glück der Tüchtigen – Das Glück der Süchtigen. Wuppertal: Jugenddienst-Verlag 1972. S. 41–43, 43 f., 45 f.

Arthur Miller: Requiem für einen Handlungsreisenden*. Aus: A. M., Hexenjagd / Der Tod des Handlungsreisenden. Frankfurt a. M. u. Hamburg: Fischer Bücherei 1958. S. 211 f.

Bertrand Russell: Lebensbejahung. Aus: B. R., Eroberung des Glücks. Neue Wege zu einer besseren Lebensgestaltung. Frankfurt a. M.: Suhrkamp 1978. S. 109f., 111f.

Die Sage von König Midas*. Aus: Midas. In: Gustav Schwab, Die schönsten Sagen des klassischen Altertums. Stuttgart: Stuttgarter Hausbücherei 1955. S. 78f.

Antoine de Saint-Exupéry: Das Glück*. Aus: A. de Saint-E., Die Stadt in der Wüste (Citadelle). Frankfurt a. M., Berlin u. Wien: Ullstein 1979. S. 190f.

Antoine de Saint-Exupéry: Der Kleine Prinz. Aus: A. de Saint-E., Der Kleine Prinz. Düsseldorf: Rauch 1979. S. 34–42.

Arthur Schopenhauer: Die Logik des Glücks*. Aus: A. Sch., Aphorismen zur Lebensweisheit. Hrsg. von Rudolf Marx. Stuttgart: Kröner 1974. S. 47f., 48f., 8–12.

Arthur Schopenhauer: Die Stachelschweine*. Aus: A. Sch., Gleichnisse, Parabeln und Fabeln. In: A. Sch., Parerga und Paralipomena. 2. Bd. In: Arthur Schopenhauer's sämmtliche Werke. Hrsg. von Julius Frauenstädt. Bd. 6. Leipzig: Brockhaus ²1922. S. 689.

Albert Schweitzer: Die Macht des Ideals. Aus: A. Sch., Aus meiner Kindheit und Jugendzeit. München: Beck 1924. S. 59–62, 63f.

Dorothee Sölle: Das Glück der Meditation*. Aus: D. S., Die Hinreise. Zur religiösen Erfahrung. Texte und Überlegungen. Stuttgart: Kreuz Verlag 1975. S. 103–105, 109–112, 112–115.

Was ist Glück? Eine Umfrage unter Schülern*. Aus: Was ist Glück? Eine Umfrage unter Kindern. In: Die Zeit, 22. 2. 1980.

*Mit Sternchen versehene Überschriften stammen vom Herausgeber.

Literaturhinweise

Hans-Jürgen Baden u. a.: Das Glück der Tüchtigen – Das Glück der Süchtigen. Wuppertal: Jugenddienst-Verlag 1972. – Fünf Beiträge zu einer Tagung für Erzieher und Lehrer, lebensnah und in verständlicher Sprache geschrieben. Die Autoren sind zum größten Teil evangelische Theologen.

Epiktet: Handbüchlein der Ethik. Übers. von Ernst Neitzke. Stuttgart: Reclam 1958. (Reclams UB Nr. 2001.) – Epiktet, ein freigelassener griechischer Sklave (um 50 bis 138 n. Chr.) entwickelt in 53 knappen Lehrsätzen und Selbstermahnungen die Grundzüge der Glücks- und Lebensauffassung des Stoikers: Selbstbeherrschung, Gelassenheit und Selbstgenügsamkeit.

Ludwig Marcuse: Philosophie des Glücks. Von Hiob bis Freud. Erw. Neuausgabe. Zürich: Diogenes Verlag 1972. – Eine witzig und amüsant geschriebene »Geschichte« der Glückstheorien, die mit dem Hiob des Alten Testaments beginnt und mit Sigmund Freud endet. Die Zwischenstationen sind: Das Märchen vom Hans im Glück; Epikur, der erste »Epikureer«; der Prediger Salomon; der römische Stoiker Seneca; der hl. Augustinus; der Philosoph Spinoza; der Sozialist Robert Owen; Leo Tolstoi und die Skeptiker des Glücks Marx und Nietzsche.

Bertrand Russell: Eroberung des Glücks. Neue Wege zu einer besseren Lebensgestaltung. Frankfurt a. M.: Suhrkamp 1978. Originaltitel: »The Conquest of Happiness«. Zuerst 1930 erschienen. – Ein philosophischer Ratgeber zum Glück, der, wie Russell in seinem Vorwort schreibt, »Rezepte zum Glück« geben will, die seiner »eigenen Erfahrung und Beobachtung entspringen und meinem eigenen Glück stets förderlich waren, wenn ich mich an sie hielt«. Ein nützliches Buch voller gesunden Menschenverstands.

Hans Jürgen Schultz (Hrsg.): Was der Mensch braucht. Anregungen für eine neue Kunst zu leben. Stuttgart: Kreuz Verlag 1977. – Hervorgegangen aus einer Sendereihe des Süddeutschen Rundfunks. 38 kürzere Beiträge von bekannten Publizisten und Wissenschaftlern mit persönlichen Antworten auf die Frage nach dem, »was der Mensch braucht«.

Was ist Glück? Ein Symposium. München: Deutscher Taschenbuch Verlag 1976. – Zehn philosophische und wissenschaftliche Beiträge zum Problem des Glücks, u. a. Arnold Gehlen: Das entflohene Glück. Deutung der Nostalgie; Josef Pieper: Glück im Schauen; Viktor E. Frankl: Paradoxien des Glücks (am Modell der Sexualneurose); Wolfgang Bauer: Ackerbau im Paradies. Glücksvorstellungen im Alten und im Neuen China; Wilhelm E. Mühlmann: Heilsverlangen und Unheilsmächte in der Welt von heute. Versuch einer Glücksbilanz.

Helmut Weigel (Hrsg.): Wie sieht erfülltes Leben aus? Stuttgart: Kreuz Verlag 1976. – Zehn persönliche, z. T. bekenntnishafte Stellungnahmen. Im Anhang (»Stimmen aus einer Bibliothek«) eine lesenswerte Sammlung einschlägiger Zitate.

Arbeitstexte für den Unterricht

Anleitung zur Abfassung literaturwissenschaftlicher Arbeiten. (K. Rothmann) 9504 – **Arbeitslosigkeit.** (B. Arend / G. Hesse / H.-W. Prahl) 9574 [2] – **Argumente und Parolen.** Politische Propaganda im 20. Jahrhundert. (W. Günther) 9518 [2] – **Chansons.** (H. Seufert) 9527 [2] – **Comics.** (R. Greiner) 9513 [2] – **Detektivgeschichten für Kinder.** (P. Hasubek) 9556 – **Deutsche Balladen.** (W. Freund) 9571 [2] – **Deutsche Essays des 20. Jahrhunderts.** (U. Heimrath) 9559 [2] – **Deutsche Kurzgeschichten.** (W. Ulrich) 2.–3. Schuljahr. 9528 – 4.–5. Schuljahr. 9529 – 5.–6. Schuljahr. 9505 – 7.–8. Schuljahr. 9506 – 9.–10. Schuljahr. 9507 – 11.–13. Schuljahr. 9508 – **Deutsche Literatur des Mittelalters.** (R. Brandt) 9568 [2] – **Deutsche Sagen.** (L. Petzoldt) 9535 [2] – **Deutsche Sprache der Gegenwart.** (K. Hotz) 9513 [2] – **Deutsche Sprichwörter und Redensarten.** (W. Mieder) 9550 [2] – **Deutsche Volkslieder.** Texte, Variationen, Parodien. (W. Mieder) 9560 [2] – **Erkenntnis und Sein.** (B. Wisser) – I: Epistemologie. 9547 [2] – II: Ontologie. 9548 [2] – **Ethik.** (E. R. Sandvoss) 9565 [2] – **Fabeln.** (Th. Poser) 9519 – **Fach- und Sondersprachen.** (N. Feinäugle) 9510 [2] – **Familie und Gesellschaft.** (F. Filser) 9511 – **Fiktionale und nichtfiktionale Texte desselben Autors.** (P. Schaarschmidt) 9515 – **Formen oppositioneller Literatur in Deutschland.** (B. Ogan) 9520 [2] – **Die Frau in der Gesellschaft.** (F. Filser) 9536 [2] – **Frieden – Friedensstrategien.** (P. Ackermann) 9523 – **Funktionen der Sprache.** (O. Schober) 9516 [2] – **Geschichte in Karikaturen.** Von 1848 bis zur Gegenwart. (H. Krüger / W. Krüger) 9566 [3] – **Geschichtliche Quellen.** Eine Einführung mit Arbeitsbeispielen. (K. Pellens) 9553 [2] – **Glück.** (D. Birnbacher) 9575 [2] – **Grimms Märchen – modern.** Prosa, Gedichte, Karikaturen. (W. Mieder) 9554 [2] – **Herrschaft durch Sprache.** Politische Reden. (W. Schafarschik) 9501 [2] – **Indianergeschichten.** (H. Pleticha) 9561 – **Jugend und Freizeit.** (H.-W. Prahl / A. Steinecke) 9572 [2] – **Kindergedichte.** (J. Eckhardt) 9557 – **Kriminalgeschichten.** (E. Finckh) 9517 – **Kürzestgeschichten.** (H.-Ch. Graf von

Nayhauss) 9569 – **Lehrzeit.** Erzählungen aus der Berufswelt. (Th. Karst) 9558 [2] – **Liebesgeschichten.** (G. Köpf) 9573 – **Literarische Wertung.** (I. Degenhardt) 9544 [2] – **Literarisches Leben in der Bundesrepublik.** (I. D. Arnold-Dielewicz / H. L. Arnold) 9509 [2] – **Literatursoziologie.** (H. Hanfland) 9514 [2] – **Lügen, lauter Lügen...** (R. Weller) 9562 – **Märchenanalysen.** (S. Schödel) 9532 [2] – **Metaphorischer Sprachgebrauch.** (G. Wolff) 9570 – **Parabeln.** (Th. Poser) 9539 – **Parodie.** Deutsche Literatur- und Gebrauchsparodien mit ihren Vorlagen. (W. Gast) 9521 – **Phantastische Geschichten.** (W. Freund) 9555 – **Philosophie und Sprache.** (J. Schulte) 9563 [2] – **Politische Lyrik.** Deutsche Zeitgedichte des 19. und 20. Jahrhunderts. (W. Gast) 9502 – **Presse und Pressewesen.** (O. Hestermann) 9545 [2] – **Reise- und Abenteuergeschichten.** (H. Pleticha) 9537 – **Satirische Texte.** (N. Feinäugle) 9525 [2] – **Schulgeschichten.** (K.-D. Metz) 9551 – **Spieltexte.** 2.–4. Schuljahr. (A. Grömminger) 9567 – 5.–7. Schuljahr. 9576 – **Sportgeschichten.** (K.-D. Metz) 9540 – **Sprachspiele.** (R. Weller) 9533 – **Ein Star wird gemacht.** Film / Hörspiel / Bühnenstück. Spielübungen. (W. Klose) 9526 – **Text und Leser.** (O. Schober) 9549 [2] – **Texte zur Poetik des Films.** (R. Denk) 9541 [2] – **Theorie der Kurzgeschichte.** (H.-Ch. Graf von Nayhauss) 9538 – **Theorie der Novelle.** (H. Krämer) 9524 – **Theorie des Dramas.** (U. Staehle) 9503 [2] – **Theorie des Hörspiels.** (H. Scheffner) 9546 [2] – **Theorie des Kriminalromans.** (E. Finckh) 9512 – **Theorie des Romans.** (H. U. Lindken) 9534 [2] – **Tiergeschichten.** (W. Lehnemann) 9530 – **Tourismus.** (H.-W. Prahl / A. Steinecke) 9564 [2] – **Vorurteile gegen Minderheiten.** Die Anfänge des modernen Antisemitismus am Beispiel Deutschlands. (H.-G. Oomen / H.-D. Schmid) 9543 [2] – **Werbetexte / Texte zur Werbung.** (I. Springmann) 9522 – **Wir erzählen Geschichten.** (W. Klose) 9552 – **Witz.** (H. Lixfeld) 9542

Philipp Reclam jun. Stuttgart